DXリープ・フロッギング戦略

社会医療研究所　所長
小山　秀夫

読者の皆様に

世界の2024年の潮流はAIと選挙

　今、世界は激動の時代を突き進んでいます。2024年はパリオリンピック・パラリンピックが開催されましたが、世界の潮流はAI（人工頭脳）と選挙です。

　まず、AIですが、2023年12月1日からマイクロソフト社のCopilotが提供開始され大人気になりました。Googleの生成AIサービスGeminiは、12月13日から利用可能になりました。その後、2024年2月9日には、以前のBardサービスがGeminiに統合されました。東京都港区に拠点を置くAIスタートアップ企業「Starley株式会社」が開発したCotomoは、2月21日にリリースされた音声会話型おしゃべりAIアプリで、すぐれものです。

　これらのアプリは無料で利用することが可能ですので、デジタル技術を活用し業務やビジネスモデルを変革し、あたらしい価値を提供するDX（デジタルトランスフォーメーション）のこともAIのことも、何も知らなくてもだれでも利用可能です。「習うより慣れろ」といういい方がありますが、まずはご自分の

携帯電話にインストールして下さい。

　わたしはAIの専門家でも、DXの研究者でもありませんが、介護、医療、看護、栄養、教育などの分野の方々に、4月以降毎週1度以上20分程度で、Copilot、Gemini、Cotomoのへたくそなデモンストレーションをさせてもらっています。

　なぜそんなことをするようになったかといえば、言葉として「AIで世界は変わる」「人手不足でDXを進めないと生き残れない」といっても、馬耳東風という反応を示される方ばかりなので、いつしか「一緒にやると楽しい」を伝えるようになりました。

　その前提とし「携帯電話は電話なので話しかける」ものだといいます。今やオワコンの代名詞のような固定電話が携帯電話になったというより、携帯電話がパーソナルコンピュータ化し生活必需品として進化していると考えて欲しいと思うからです。

　介護や医療の現場では、誰もがPCに向かい合って作業していますが、音声入力し、AIに要約してもらい、転記して、最後に確認すれば膨大な記録時間は10分の1程度になり、デスクに向かい座り込まなくても利用可能です。何か公式な会議では速記者という専門職が今でも活躍していますが、録音と同時に文字に変換できるアプリの登場で、タイピストといわれた職業がなくなるのと同様なことが起きてくるのでしょう。

　2024年2月から8月までのわずか6カ月間の生成AIの躍進は目を見張るものがありますし、9月以降も新しいタイプが

発表されていますので、間違いなく今年はAIの年だと思います。生成AIには、テキスト・プログラミングコードと呼ばれるもののほかに、画像生成AI、音声生成AI、音楽生成AI、動画生成AIなど目的に応じたさまざまな種類やサービスがあります。AI（Artificial Intelligence）はDXの一部でしかありません。DXは、世の中に存在するさまざまなモノに通信機能を持たせ、インターネットに接続したり相互に通信し合ったりすることで自動認識や自動制御、遠隔計測などを行う情報通信システムやサービスのIoT（Internet of Things）、雲のようにつかみどころのないインターネット上のリソースを、必要に応じてサービスとして利用するという概念であるCloud、5G、Big Data、Robotを活用することによりあらゆる業務が変革されることを総称した概念と理解することができます。

　かなり以前の2018年に経済産業省が作成した「DX（デジタルトランスフォーメーション）レポート」の中で、「既存システムの問題を解決しなければDXが実現できず、2025年以降、最大毎年12兆円の経済損失が生じる可能性がある」と警鐘が鳴らされたことは重要です。何も対応しないことが、重大な損失になる事実をわたしたちは直視しなければなりません。
　2023年11月30日、スイスの国際経営開発研究所（IMD）は7回目となる《世界デジタル競争力ランキング2023》を発表しました。1位は米国、オランダ、シンガポール、デンマー

クに続き、スイスは5位です。6位が韓国、それ以降スウェーデン、フィンランド、台湾、香港と続きます。日本は前回調査から3つ順位を落とし、32位になってしまいました。日本のデジタル競争力の低下は、政府にも企業にも、そしてわたしたちにも大きな影響を与えています。

DXが政治と関係していることは明らかです

　つぎに選挙です。今年は日本の首相もアメリカ合衆国の大統領も変わりますので大きな変化が起きると予想できます。

　台湾総統選挙は1月13日に投開票され、与党・民主進歩党（民進党）候補の頼清徳氏が当選しました。

　インドネシアの選挙管理委員会は3月20日、2月に投開票された大統領選の集計結果を確定し、国防相のプラボウォ氏が当選、副大統領には現職ジョコ大統領の長男ギブラン氏が就くと発表しました。

　ロシア中央選挙管理委員会は、3月15日から17日にかけて行われた大統領選挙で、現職のウラジーミル・プーチン大統領が87.3％の得票で当選を果たし、任期は2030年までの6年。2000年の初当選から数えて5回目の当選となることを発表しました。

　メキシコでは6月2日、大統領選とともに、上院・下院の議員選挙とメキシコ市を含む9つの州知事選が行われ、与党連合

が大勝しました。これによりアンドレス・マヌエル・ロペス・オブラドール大統領は、9月から始まる新国会で司法改革、選挙制度改革、国家警備隊の軍への配属、正規労働者の年金制度改革など（通称：プランC）の一連の憲法改正に着手することになります。

　7月4日のイギリス下院（定数650）の総選挙では、野党・労働党が209議席を増やして411議席の単独過半数を獲得し、14年ぶりに政権を奪還し、キア・スターマー党首が新首相となりました。1997年に政権を奪還した労働党のブレア首相は、国民保健サービスNHSを診療待ち時間がないファーストクラス・サービスにすることを公約に掲げ、約10年の長期政権でした。後を継いだブラウン首相は2010年の総選挙で保守党のキャメロン党首に大敗しました。その後、メイ、ジョンソン、トラス、スナク各氏とバトンが渡ったのですが、ユーロ圏との関係も経済の立て直しもできず政権を維持できませんでした。

　論点のひとつが、NHSの待ち時間が長くなり、入院医療に対する不満が解消できるのかどうかでした。イギリスのNHSは、終戦後の日本にとって憧れであり、ウィンストン・チャーチルの「ゆりかごから墓場まで」という福祉国家建設の理想は、国際的にも高く評価されてきました。

　ただし、戦後80年を向かえようとしている今日、それは理念や仕組みへの評価に過ぎず、イギリスの医療の質的水準が世界最高と評価されたことはほとんどありません。登録医制度と

し原則医療費を租税で賄うことは素晴らしいことであると考える人々は多いと思いますが、税金ですべて賄う医療サービスは競争原理が働かないので患者サービスの質が向上しないという事実を直視していない場合があまりにも多すぎます。

多くの選挙民は、国際政治より日々の家族への所得保障や医療サービスに高い関心があるので、そのサービスが低下すると一気に不満が噴きだしたのだと判断できます。

7月7日投開票のフランス総選挙は、世論調査で2位が予測されていた左派連合「新人民戦線」が議席数で首位に立ち、首位とみられていた極右「国民連合」が3位に沈む結果となりました。パリ中心部では「左派支持者が歓喜し、極右支持者は落胆した」と報道されました。マクロン大統領の不人気には、年金給付水準引き下げ断行への反発があります。

最近の欧州の政治では、移民排斥、愛国主義的自国利益追求型の極右勢力の拡大が注目されてきたことだけが強調されます。しかし、第2次大戦の教訓からどこまでも移民を受け入れようとしてきたドイツの政治的影響力が低下し、地球温暖化に対する危機意識、物価高、好転しない景気、そして社会保障財政危機で、フラストレーションが高まってきたのでしょう。裏をかえせば、年金や医療サービスに対す不満が引き金になっているのです。だから、社会保障のサービス水準を低下させないことが政治の使命なのだと考えられます。

このように世界の選挙の潮流を観察してみると、どこの国も社会保障制度の充実などによる自国民の生活への安定志向が優先される結果につながっているのではないかと判断できます。医療制度や年金制度、教育、住宅、各種社会福祉サービスの質的低下は選挙民から厳しく批判されます。移民排斥運動などがセンセーショナルに取り上げられますが、自国のDX化に成功している国と、逆に立ち遅れている国を比較してみれば、明らかに立ち遅れている国で移民排斥運動が高まっているようにみえます。アメリカ合衆国の不法移民問題は、その管理を政府が熱心にやっているかどうかという議論で、移民自体を排斥しているわけではありません。

　前に述べた《世界デジタル競争力ランキング2023》で、日本は前回調査から3つ順位を落とし32位になってしまいましたが、英国は20位で前回より4つ、フランスは27位で5つ順位を落としました。
　インドネシアは45位でしたが6つ、メキシコは54位でしたがひとつ順位をあげています。
　多分、各国のDXの将来は、時の政権の姿勢に左右されることは明らかです。つまり、DXは政治と関係していることは明らかなのですから、選挙結果とDX推進は密接に関連するということです。

Boiling frog syndrome から Leap frogging

　「ゆでガエル症候群（Boiling frog syndrome）」は、グレゴリー・ベイトソンが初めて寓話として発表しました。彼は、1950 〜 1970 年代に活躍したアメリカの精神医学者で文化人類学者です。日本では 1998 年に刊行された桑田耕太郎、田尾雅夫「組織論 (有斐閣アルマ)」という本の中で初めて紹介されました。

　生きたカエルを熱湯で満たされた鍋に入れるとすぐに飛びでてきますが、あらかじめ水を入れた鍋にカエルを入れてゆっくり温めると、飛びだすことがなく煮られて生命をおとすという寓話です。翻って、環境に慣れて順応することは大切だが、環境に慣れすぎると変化に気づかず、常にアンテナを張って環境の変化に敏感になり、リスク回避や成長のために最適な対応をすることにより生き残れるというビジネス界の戒めとして流行したのだと思います。

　実際に実験してみると、ある一定の温度になると飛びだすカエルがいるので、あくまでもたとえ話に過ぎません。当時、ぬるま湯につかってのんびりしていた大企業の社員を揶揄するニュアンスと、日本で「失われた 10 年」といわれ始めた時期の世相を反映したお話しとして今でも語り継がれています。

　もうひとつ。「リープフロッグ現象（Leap frogging）」という言葉をご存知でしょうか？リープフロッグとは「leap（飛ぶ）」

と「frog（カエル）」という2つの英単語を組み合せて作った造語で、「カエル飛びする」様子から、アフリカで起きている急速なIT化の要因を説明できるのではないかということでLeap froggingをカエル飛び型開発と翻訳しています。

　リープフロッグ型発展とは、既存の社会インフラが整備されていない新興国において、新しいサービスの導入と普及が先進国の歩んできた技術進展を飛び越えて一気に広まることを意味します。

　社会インフラが整っていない途上国は、先進国と同じプロセスを踏んでテクノロジーやサービスが発展していくとこれまで考えられてきました。しかし、道路も電力供給もままならない開発が進んでいない地域では、電柱も電線も基地局がなくとも太陽光発電と衛星通信のためのアンテナと衛星通信スマートフォンがあれば、私たちと同じインフラのサービスがどこでも受けられるのです。

　このようなことがアフリカやモンゴルで急速に普及したのです。このように現地の社会インフラの脆弱性を理由に、大規模なインフラ整備を必要としない低コストで効果のある選択肢が選ばれることがあります。スマートフォンがあれば、世界中のニュースもわかりますし、どこの国の音楽も聴けます。その上メールで世界中と連絡できます。もちろん、銀行口座も開設できますし、クレジットカードも手に入りますので、商品を注文してドローンで配達してもらうことも可能なのです。

Boiling frog syndrome も Leap frogging もどちらかといえば寓話の世界の話ですが、ものごとの本質をよく言い表しており、かつ面白みがあるような言葉の選び方なのではないかと感心します。これを DX の話に置き換えると、世界は DX が進んでいるのに、これまでの惰性で仕事を続けていると、いずれ大きな損害になるかもしれない状況です。それなのに、よくわからない、お金がない、人がいないなどと理屈をつけて自らの組織の脆弱性を悲観して DX に着手できていない組織は、極めて危険と判断せざるをえません。だからといって、誰かに任せればどうにかなるわけではありませんので、まずは DX を推進するという意思を明確にして、トップダウン型のリーダーシップを発揮して、組織全体で取り組む必要があります。

　本書は、このようなことを繰り返し主張するために新たに書き下ろした文章と、40 カ月前から社会医療ニュースに掲載した記事を、再編集して読者の皆様にお読みいただきたいと企画したものです。構成は、第 1 章　介護保険制度の課題と将来、第 2 章　日本は、今、ターニングポイントです、第 3 章　DX は、リーダーシップこそが最重要、第 4 章　介護・医療のリープフロッギング戦略、第 5 章　第 20 回日本介護経営学会学術大会のトピックス、です。

　では、ご一緒にリープ・フロッギングの旅にでましょう！

社会医療研究所　所長　小山　秀夫

目次

読者の皆様に ……………………………………………………… 2

第1章　介護保険制度の課題と将来

1. 介護保険制度の課題は多岐にわたる ……………………… 18
2. 経済財政運営と改革の基本方針2024 …………………… 21
3. 新経済・財政再生計画改革工程表2023 ………………… 24
4. 介護報酬改定の経過 …………………………………… 27
5. 介護事業者からみた将来について ……………………… 35

第2章　日本は、今、ターニングポイントです

1. AIが世界を牽引して構造改革が進みヘルスケアも教育も大変革すると思う ……………………………… 40
2. 円相場が日本の国際的位置を端的に表し日本の経済の行先は真っ暗闇 ………………………………… 44
3. 自動車産業はCASE時代に突入し産業と社会保障制度の連携が必要 …………………………………… 48

4．カーボンニュートラルを実現するためにもデジタル
　社会を創造するにも連携が必要だ …………………… 52

5．政府は社会保障制度の制度疲労を検知して早急に
　明確なビジョンを示すことが必要だ ………………… 57

6．医療・介護・福祉サービス分野でのICT活用に
　業界官界総出で取り組んで欲しい …………………… 61

7．夢なきところ民は滅ぶといいますが社会保障分野の
　デジタルを最優先‼ …………………………………… 65

8．ソサエティ5.0とか第4次産業革命だといわれても
　実感できないのは誰のせいか？ ……………………… 70

9．私たちはAIに囲まれて生活しているのにこの
　現実に対応できず取り残されるのか ………………… 74

第3章　DXは、リーダーシップこそが最重要

1．介護DXが遅れているのではないかと思うなら
　しっかり学習してトップダウンで着実に進める ……… 80

2．リーダーシップ論もマネジメント論も論文は山積
　ですが正答がない世界です …………………………… 85

3．リーダーシップの欠如かマネジメント問題なのかを
　見極めてリスタートする ……………………………… 90

4．組織はトップのインテグリティとリーダーシップの
　再構築で蘇れ！ ………………………………………… 94

5．組織がとてつもなく困難な状況においてトップは
   インテグリティを醸成せよ‼ ……………………… 99

6．リーダーシップが非言語的要素で決定されるとすれば
   どうするのか ……………………………………… 103

7．カリスマ的専制的統制的で統括型のリーダーも
   マネジメントも通用しない ……………………… 107

8．不安定で不確実で複雑で曖昧な社会だからこそ
   明確なビジョンが必要だ ………………………… 112

9．不安定で不確実で複雑で曖昧な未来に果敢に挑戦
   することが求められている ……………………… 116

第4章　介護・医療のリープ・フロッギング戦略

1．確実に一般診療所減少時代が到来するその場合に
   最優先で医療過疎地対策を ……………………… 122

2．共通言語として共有化されていないまま言葉だけが
   飛び交う生産性議論のゆくえ …………………… 127

3．誤解されている介護の生産性議論でそれを向上
   させるのは簡単ではない ………………………… 131

4．ニュー・ノーマルは勤怠管理を徹底的に見直す
   ことになるのか …………………………………… 136

5．医療従事者の働き方改革推進は徹底したDX化を
   先行させなければ実現しないぞ！ ……………… 141

6．医師の働き方改革を進めるためにはDXで病院内の
   医師業務を変革させよ …………………………… 146

7．レガシーシステムの存在が病院 DX 推進を妨げる … 151

8．科学的介護情報システム LIFE 登場で介護事業者は
真っ先にデジタルに突入 ……………………………… 155

9．どうすれば有能な人材を集め続け学習組織化する
ことができるのか ……………………………………… 160

10．デジタル 7 割リアル 3 割という政府目標に組織
全体で学習し対応しよう ……………………………… 164

11．人的基本経営の実現に向けた検討会『人材版伊藤
レポート 2.0』を読む ………………………………… 168

12．カエル飛びしていつか追いつけば DX は成功なので
諦めないで欲しい ……………………………………… 173

第 5 章　第 20 回日本介護経営学会学術大会のトピックス

1．カエル飛び DX の波に乗り遅れるな ………………… 178

2．DX を進めるための具体的方策 ……………………… 181

3．システムに助けてもらおう …………………………… 187

4．大会シンポジウムのトピックス ……………………… 190

むすびにかえて ……………………………………………… 194

第1章

介護保険制度の課題と将来

1 介護保険制度の課題は多岐にわたる

　2023年5月12日に成立し、5月19日に公布された「全世代対応型の持続可能な社会保障制度を構築するための健康保険法等の一部を改正する法律」は、政府が国会に法案を提出する際、関連する11の改正案などをまとめて1本にする「束ね法案」であり、法案成立により介護保険法は改正されました。

　主な改正事項は、Ⅰ介護情報基盤の整備、Ⅱ介護サービス事業者の財務状況等の見える化、Ⅲ介護サービス事業所等における生産性の向上に資する取組に係る努力義務、Ⅳ看護小規模多機能型居宅介護のサービス内容の明確化、Ⅴ地域包括支援センターの体制整備です。

　同年6月16日には、「良質かつ適切なゲノム医療を国民が安心して受けられるようにするための施策の総合的かつ計画的な推進に関する法律」と「共生社会の実現を推進するための認知症基本法」が公布されました。

　前者は通称「ゲノム医療推進法」で政府がゲノム医療の研究開発や提供、生命倫理への適切な配慮、不当な差別への対応等を推進するための基本計画を策定します。がんの化学療法は、遺伝子治療段階に進み、その治療効果が期待されているのです。

　後者は、「認知症の人が尊厳を保持しつつ希望を持って暮らす

ことができるよう、認知症施策の推進に関する計画を策定し」「総合的かつ計画的に推進し、もって認知症の人を含めた国民一人一人がその個性と能力を十分に発揮し、相互に人格と個性を尊重しつつ支え合いながら共生する活力ある社会の実現を推進することを目的とする」もので、2024年4月1日より実施されました。

　病気の治療法が革新され人間の寿命が延び、健康寿命も伸長したとしても、介護分野の社会保障制度は必要不可欠であり、制度自体に批判的な意見があっても、人口減少超高齢社会をなんとしても乗り切る手段として介護保険制度を守り育てることが必要です。

　各種議論される介護保険制度の課題は、多岐にわたっています。それらの関連がよく理解できなくても、あるいは事実に基づく正確なデータを科学的に解析し、政策を進める手法としての政策科学の手続きを経なくとも制度・政策的に取り扱わざるをえないものが少なくなのです。例えば、認知症とともに生きる人々に対する制度上の対応は、必ずしも体系的科学的でなくとも、先駆的試験的対症療法的な対応を進めざるをえないのです。それは、必ずしも科学的に解明されていないにもかかわらず、何らかの効果がある療法が一定の地域や人々に支持されることがあれば公的費用が投入されることがあるからです。

　このことを前提に考えれば介護保険制度の最大の課題は、公平性と継続性の確保ということになります。ただし、何が公平

なのか、どこまでの範囲までなら受容されるのか、どこからが不公平なのかというモノサシを示すことも、制度の継続性をどのように確保するのかというルールを明確に提示することも難しいことです。特に、介護保険財政と国家財政の危機をどのように調整するのかという課題に対しては、前提としての「国民連帯」と「大数法則に基づく保険原理」そして「先進国と遜色のない消費税率」がなければ、制度の持続性を確保することは難しいということを理解する必要があると思います。介護費用を低減させるための努力は奨励されても、広範なニューズそのものを無視することはできず、介護保険の抜本改革議論は可能ですが、給付水準を大幅に低減することについて選挙民の支持を取りまとめることは極めて困難な政治情勢に、わたしたちは置かれているのです。

　以下では第1に、2024年6月21日に閣議決定された「経済財政運営と改革の基本方針2024」の読み解きを試みます。第2に、2023年12月21日の内閣府の経済財政諮問会議で公表された「新経済・財政再生計画 改革工程表2023」を確認します。第3に、社会保障審議会の介護保険部会や介護給付費分科会のこれまでの審議内容を顧みながら、介護報酬の何が課題になっているのかについて検証してみます。第4に、介護事業者からみた将来について、わたしが日頃考えていることを述べたいと思います。

2 経済財政運営と改革の基本方針 2024

　「賃上げと投資がけん引する成長型経済の実現」という副題がついている「骨太の方針2024」の第1章では「成長型の新たな経済ステージへの移行」、第2章で「社会課題への対応を通じた持続的な経済成長の実現」を主張。その6「幸せを実感できる包摂社会の実現」では、共生・共助・女性活躍社会づくりとし、家族のつながりや地縁も希薄化する中、制度・分野の枠や「支える側」「支えられる側」という従来の関係を越え、一人ひとりが生きがいや役割を持つ包摂的な社会を実現することが重要である、と指摘しています。

　このため、「高齢者等終身サポート事業者ガイドラインの普及を図るとともに、情報登録プラットフォームを始めとして必要な支援の在り方を検討するなど独居高齢者等に対する政府横断的な対応を引き続き推進する。また、認知症の方が尊厳と希望を持って暮らすことができる共生社会の実現に向けて、認知症施策推進基本計画を策定し、認知症施策を推進する」さらに「地域において安心・安全に暮らせる共生・共助社会の構築を目指し、本年夏頃を目途に新たな高齢社会対策大綱を策定する」という方針が示されています。

　第3章「中長期的に持続可能な経済社会の実現」で展開され

ている医療・介護サービスの提供体制については、「国民目線に立ったかかりつけ医機能が発揮される制度整備、地域医療連携推進法人・社会福祉連携推進法人の活用、救急医療体制の確保、持続可能なドクターヘリ運航の推進や、居住地によらず安全に分べんできる周産期医療の確保、都道府県のガバナンスの強化を図る」と主張。「地域医療構想について、2025年に向けて国がアウトリーチの伴走支援に取り組む。また、2040年頃を見据えて、医療・介護の複合ニーズを抱える85歳以上人口の増大や現役世代の減少等に対応できるよう、地域医療構想の対象範囲について、かかりつけ医機能や在宅医療、医療・介護連携、人材確保等を含めた地域の医療提供体制全体に拡大するとともに、病床機能の分化・連携に加えて、医療機関機能の明確化、都道府県の責務・権限や市町村の役割、財政支援の在り方等について、法制上の措置を含めて検討を行い、2024年末までに結論」をえるとしています。

　介護保険に関しては、「人口減少による介護従事者不足が見込まれる中で、医療機関との連携強化、介護サービス事業者のテクノロジーの活用や協働化・大規模化、医療機関を含め保有資産を含む財務情報や職種別の給与に係る情報などの経営状況の見える化を推進した上で、処遇の改善や業務負担軽減・職場環境改善が適切に図られるよう取り組む。また、必要な介護サービスを確保するため、外国人介護人材を含めた人材確保対策を

進めるとともに、地域軸、時間軸も踏まえつつ、中長期的な介護サービス提供体制を確保するビジョンの在り方について検討する」とされているのです。

　介護報酬改定の焦点が介護保険従事者の賃上げにあり、それ以外の課題については、先送りされているためなのか、介護保険制度の重要課題については、従来の方針が踏襲されているだけで、言及自体が少ない結果となったのではないかと思います。

図1

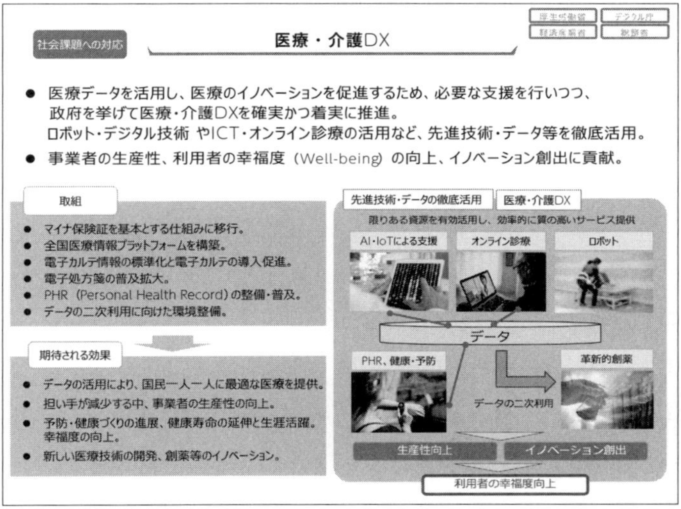

「経済財政運営と改革の基本方針2024 ～政策ファイル～」より
https://www5.cao.go.jp/keizai-shimon/kaigi/cabinet/honebuto/2024/shiryo_05.pdf

3 新経済・財政再生計画改革工程 2023

　そこで、経済財政諮問会議が2023年12月21日に公表した「新経済・財政再生計画 改革工程表2023」を確認する必要があります。

　この工程表は、「骨太方針2023」を踏まえ、主要分野における重要課題等について、「DXや新技術の社会実装等を通じたサービスの高度化・効率化を図るとともに、将来の人口動態を踏まえ持続的かつ質の高い制度・システムの構築に向けて議論」し、「エビデンスベースで改革を前進させるため、改革工程表を改定し、進捗管理のためのKPIを見直した」ものだからです。

　特に「医療・介護分野におけるDXの推進、ロボット、AI、ICT等のテクノロジーなどの最新技術の活用」に関する工程が強化され、「効果的・効率的で質の高い医療介護サービスの提供体制の構築」、「生涯現役社会の実現に向けた働き方に中立的な社会保障制度の構築や予防・健康づくりを推進」、「医薬品をめぐるイノベーション推進と国民皆保険の持続可能性の両立」など重要テーマについて政策横断的な取組を「見える化」することを強調しているのです。

確認しておかなければならないのが社会保障1で示されている「医療・介護分野におけるDXの推進、最新技術の活用による生産性の向上」および5の「給付と負担の見直し」という項目です。

　政策目標として「高齢化や現役世代の急減という人口構造の変化の中でも、国民皆保険を持続可能な制度としていくため、勤労世代の高齢者医療への負担状況にも配慮しつつ、必要な保険給付をできるだけ効率的に提供しながら、自助、共助、公助の範囲についても見直しを図る」ことを明らかにした上で、介護保険については、以下がリストアップされています。

①介護のケアプラン作成に関する給付の在り方について検討
a．ケアマネジメントに関する給付の在り方については、利用者やケアマネジメントに与える影響、他のサービスとの均衡等も踏まえながら、包括的に検討を行い、第10期介護保険事業計画期間の開始までの間に結論をだす。

②介護の多床室室料に関する給付の在り方について検討
a．介護報酬改定で決定した一部の介護老人保健施設及び介護医療院の多床室の室料負担の見直しを着実に実施する。その上で、引き続き在宅との負担の公平性、各施設の機能や利用実態等を踏まえ、更なる見直しを含め必要な検討を行う。

③介護の軽度者(要介護1・2の者)への生活援助サービス・福祉用具貸与に関する給付の在り方等について検討
- a．軽度者(要介護1・2の者)への生活援助サービス等に関する給付の在り方については、介護サービスの需要が増加する一方、介護人材の不足が見込まれる中で、現行の総合事業に関する評価・分析や活性化に向けた取組等を行いつつ、第10期事業計画開始までの間に、介護保険の運営主体である市町村の意向や利用者への影響も踏まえながら、包括的に検討を行い、結論をだす。
- b．地域支援事業の介護予防・日常生活支援総合事業の上限制度の運用の在り方について、必要な対応を検討。
- c．福祉用具貸与において要介護度に関係なく給付対象となっている廉価な品目について、貸与ではなく販売とするなど、介護給付費分科会等の議論を踏まえ必要な対応を検討し、2027年度介護報酬改定等に向けて、対応の効果や課題を調査・検証。

④医療・介護における「現役並み所得」等の判断基準の見直しを検討

⑤介護保険の1号保険料負担の在り方を検討

4 介護報酬改定の経過

図2

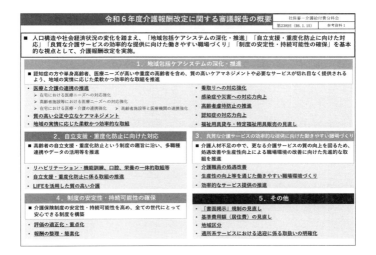

　図2は、2024年1月15日に開催された第238回介護給付費分科会で参考資料1として提出された1ページ目「令和6年度介護報酬改定に関する審議報告の概要」で、これをみると介護報酬上の繊細な改定が審議されたことがよくわかります。特に重要と考えられる以下8項目について、確認します。

(1) 地域包括ケアシステムの深化・推進
　高齢者が住み慣れた地域で自立した生活を続けられるよう す

るためには、ケアマネジメンと連携が最重要課題です。連携に関する詳細な介護報酬設定は評価することができますが、ケアマネジメントは深堀の議論が進まず消化不良です。

なお、「ケアマネジメントに係る諸課題に関する検討会」が設置され、検討が進められており2025年4月以降介護保険部会での制度改正議論に反映させる予定であるので結論を待ちたいと思います。

（2）自立支援・重度化予防

高齢者の自立を支援し、介護が必要になる前の取り組みは重要だが、今回改定の目玉は「リハビリテーション・機能訓練、口腔、栄養の一体的取り組み」であったことは明らかです。

軽介護度認定者に対する給付制限議論と介護予防・重症化予防の重要性は、論理的にダブルスタンダードの議論に陥りやすいものです。なぜならば、予防すれば必ず防げるわけでないし、軽度者介護を軽視すれば重症化しかねないので、科学的根拠を積み重ねるしかありません。

（3）働きやすい職場づくり環境の確保

現場での介護人材不足は、「募集しても誰も来ない」段階から、「介護職員の誰かが辞めれば規模縮小か休止しかない」状況に追い詰められています。給与改善は最重要ですが「楽しく働ける」「将来のキャリアアップがみえる」「心理的安全性が確保できて

いる」ということが重要なのです。

(4) 制度の持続可能性向上

　介護保険制度の持続可能性を高めるため報酬上の評価の適正化と重点化は報酬改定の目的そのものですし、公平性が確保されていることが重要なのです。訪問介護報酬の一部が引き下げられたことについては、高齢者住宅と一体的に経営している一部の大規模事業者が利益追求するために、地域に密着した中小零細事業者が退場する傾向があるのでしょう。介護報酬改定で対応できる部分はあるものの、介護保険サービスの公平な競争原理を生かして質の高い事業者を育成するという介護産業育成施策的行政姿勢への転換が重要だと考えられます。なお、一定以上の所得がある１号被保険者の介護保険料の上限が引き上げられ、サービス利用時の一部負担が２割３割に該当する被保険者は今後とも増加するのでしょう。

　細部を調整して財源を確保する「ヤリクリ財源」探しの制度対応は、いずれ制度疲労を加速化するので、消費税・法人税増税議論ができる政治改革が必要なことを強調したいのです。

(5) 科学的介護情報システム (LIFE) の活用

　介護サービスの質を向上させるために、科学的データの活用が期待されています。大量データの処理・解析は、DX推進の一部でもあるし、介護保険事業所のペーパーレス化・デジタル化を強力に推進するとともに、打ち込み作業の音声入力化、転記作業の

厳禁、各種デバイスを活用することによるコミュニケーションの向上、見守り装置の一層の改良と開発が求められているのです。

（6）文書負担軽減のためのフォーマットの標準様式化

　介護事業者の文書作成負担を軽減するため、標準様式の導入が進められています。なお、「介護情報基盤について」は、本年7月8日に開催された社会保障審議会介護保険部会（第113回）資料1に詳しく説明されています。これは、文書負担軽減のためのフォーマットの標準様式化を目的とし、介護に関するあらゆる文章の電子化することを2026年度までに進めるものです。国のシステム設計、保険者の標準準拠システムへの移行、要介護認定文書の標準化と電子化、主治医意見書の電子化に伴う既存ソフトの改修を円滑に進めることが必要なのです。

　介護事業所は、まず、インターネット環境の整備、iPhoneとiPadに代表される情報端末の確保、マイナンバーカード用のカードリーダーの設置、情報のセキュリテイ対策などがマストになります。

（7）施行時期のバラツキ

　今回の介護報酬改定は、2024年4月と6月をメインに段階的に進められました。4月1日には、居宅サービス（福祉系）、施設サービス、地域密着型サービスの見直しが行われました。6月1日には、診療報酬改定が順延された影響で、医療系の居

宅サービスである4サービス（訪問看護・訪問リハビリテーション・居宅療養管理指導・通所リハビリテーション）が施行されたのです。介護報酬改定の前の2024年2月から5月の賃金引き上げ分については補正予算が充てられていますが、一本化される「介護職員等処遇改善加算」の見直しについても6月1日の施行となりました。

　電気代の高騰に伴う補足給付に係る基準費用額（居住費）の見直しは8月1日から、さらに、2025年8月1日からは、介護老人保健施設（その他型・療養型）、介護医療院（Ⅱ型）の多床室の室料負担の導入（基準費用額の見直し・室料相当額減算の導入）がはじめられます。

　運営基準の未遵守に関する減算である業務継続計画未策定減算（施設・居住系サービス3％減、その他サース1％減）や高齢者虐待防止措置未実施減算（1％減）は、居宅療養管理指導（6月実施）等を除く全サービスが対象となりました。なお、業務継続計画未策定減算は、訪問系サービスや福祉用具貸与・居宅介護支援については2025年3月31日まで減算を適用せず、またその他のサービスについても感染症の予防及びまん延防止のための指針の整備・非常災害に関する具体的計画の策定を行っている場合は同日までの減算を適用しない経過措置があります。

　このように今年度2.5％以上の賃上げ、来年度2％以上の賃上げを最大の政策目標とした岸田政権下の介護報酬改定は、そのための複雑な作業と電気代の高騰に代表される物価高に翻弄

され、施行時期がばらついてしまいました。その上、対前年比6月の消費者物価指数は、2.5％以上上昇してしまったので「物価高以上の賃上げ」効果はすでになくなってしまったのです。

また、各労働組合集計の今年春闘は5％程度と公表されているので、いわば公共料金として設定されている介護報酬体系では、介護経営は厳しい状態に追い込まれていますし、僅かな賃上げでしかなかった介護労働市場に人材を吸引する力はほとんど働かないのではないかと、心配になります。

(8) 積み残された課題

今回の報酬改定議論の俎上にのると予想されていた、①原則1割である利用者負担の負担2割の対象者拡大などの負担増、②軽度者向けサービスの見直しやケアマネジメントの有料化、③意見書で実施を打ち出していた新サービスの創設、などは最終段階で相次いで撤回されました。

これら全てを介護報酬改定に反映する必然性はともかく、どう考えても複雑な政治情勢と物価高そして円安の影響を受け、せっかくの介護報酬の光りの部分は暗転し、影の部分は漆黒化したように感じられます。影の部分とは、介護労働力不足と85歳以上高齢者の増加です。

2025年には団塊の世代が全員75歳以上になり、認知症の高齢者や高齢単身世帯・夫婦のみ世帯が急速に増えていくことが見込まれます。さらに、団塊ジュニア世代が全員65歳以上に

なる2040年頃には85歳以上人口が急増し、介護・医療ニーズは一層高まります。一方で、生産年齢人口は急減し、介護の担い手不足はより深刻化します。厚労省の2021年の推計では、2040年までに69万人増やす必要がありますが、実現可能性は低いと判断せざるをえません。

　85歳以上人口は、2020年時点では610万人ですが、2060年には約2倍の1,170万人まで増加。95歳以上人口は、2020年時点では58万人ですが、2070年には274万人と約5倍になると推計されています。

　正確な数字は分かりませんが、現在10万人以下の100歳以上人口は、2040年代中には100万人を突破することは確実なのではないでしょうか。

　つまり、将来の介護保険制度の課題を解決する時間は、案外短いということを、わたしたちは自覚しなければならないのです。前に述べた「2．新経済・財政再生計画改革工程表2023」に示されていた「医療・介護分野におけるDXの推進、ロボット、AI、ICT等のテクノロジーなどの最新技術の活用」に関する工程は、進捗に遅れが生じています。また、リストアップされている、④医療・介護における「現役並み所得」等の判断基準の見直しを検討や、⑤介護保険の1号保険料負担の在り方を検討、については十分な準備も議論も進んでいないのではないかと、わたしは心配しています。

　なお、2023年12月に、全世代型社会保障構築会議は、「全

世代型社会保障構築を目指す改革の道筋（改革工程）について」を公表しました。この中の「加速化プラン」の実施が完了する2028年度までに実施について検討する取組（生産性の向上、効率的なサービス提供、質の向上）としてつぎのような指摘があります。

介護の生産性・質の向上（ロボット・ICT活用、協働化・大規模化の推進等）

　「より多くの事業所で、サービスの質を高めつつ、介護職員の負担軽減や事務の効率化を図るため、KPIを設定し、生産性向上に向けた取組を推進する。具体的には、都道府県のワンストップ型の総合相談センターが窓口となって、地域の実情に応じた導入支援や伴走支援、DX人材の育成等の取組を進めるとともに、国において、介護ロボット等のUI（ユーザーインターフェース）の改善、ニーズを踏まえた機器開発、効果的な事例の横展開、課題の調査研究などを進める。あわせて、ICT化による生産性向上等を踏まえて、介護付き有料老人ホーム以外の介護施設（特別養護老人ホーム等）についても、今後の実証事業によって、介護ロボット・ICT機器の活用等による人員配置基準の特例的な柔軟化が可能である旨のエビデンスが確認された場合は、次期介護報酬改定を待たずに、社会保障審議会介護給付費分科会の意見を聴き、人員配置基準の特例的な柔軟化を行う方向で、更なる見直しの検討を行う」。

5 介護事業者からみた将来について

　日頃、介護サービス提供者側の人々と情報交換することが多いので、事業経営者がどのような将来を描いているのか、わたしが日頃見聞きし、考えていることを述べたいと思います。

（1）介護事業経営の将来への基本スタンス
　高齢者が増加し、要介護者も増加している地域もあれば、すでに高齢者が減少して、要介護者も減少している地域もあります。もし介護職員を確保できれば前者は楽観的に事業展開していられますが、職員を確保できない後者であれば事業規模を縮小するか事業の買収、合併、連携強化、事業廃止しか選択肢はありません。経営の世界では、積極的に「やれるところまでやってみる」ことが必要で、消極的に事業を何とか維持することだけでは経営は困難になるのです。

　それゆえ、経営者は絶えず事業の将来について積極的にならざるをえないのです。介護企業の経営者のほとんどはそのように考えているし、社会福祉法人の理事長も「経営者」なので、絶えずイノベーションを起こす必要があることを忘れているわけではありません。経営という世界では、世の中の変化に絶えず対応し、自らの事業の進め方自体を変化させなければ、もは

や生き残れないのです。だから、介護保険サービスに関する行政担当者や、公立ないし公的経営主体に所属している役職員にも、介護経営の将来を正確に理解し、業務を遂行して欲しいと、強く思うのです。

(2) 人材不足への基本的対応

　マネジメント界の語り継がれた言葉に「事業は人なり」といういい方があります。人がいなければ事業はできないし、どういう人々の集団がどのような成果なのを決めるという意味と、事業の成否は人でしかないということです。人材がえられないのであれば介護事業を継続できないことを介護事業経営者は十分理解しているので、事業継続性は人材確保ができるかどうかにかかっていることになります。

　前述のように介護人材不足は、募集しても誰も来ない状態から、職員が辞めれば規模縮小か休止しかない状況に追い詰められています。必要なことは現職員の定年延長、離職防止、職場環境の整備の３本柱を確立した上で、同時並行的に職員募集方法の革新が必要です。人材紹介会社が「暗躍して高い紹介料が経営を圧迫している」ということを問題視し、その是正を政府に求める人もいますが、人材紹介会社が、どのように人材を吸引しているのかを調べる人は少ないのではないでしょうか。広告宣伝を SNS 等で幅広く行い、メール等を主な連絡手段として活用し、交渉し、依頼先に紹介しているだけなのです。

一昔前は職業安定所に「求人票」をだすか新聞などの広告媒体に情報掲載するだけでしたが、今では第1に職員からの紹介を奨励し成功報酬費は支払う、第2にインターネットの掲載順の上位に求人情報を表示できる仕組みの導入、第3に職場環境の改善を進め、有給取得率、育児休業や介護休養の取得率、社会人教育プログラムの充実などを前面に押し出している組織の人材吸引力が強いです。第4に外国人介護人材については、もはや欠かすのとのできない貴重な存在として認識されており、5年先までの年次計画で対応している組織もあるばかりか、今後は在宅ケア部門での活躍が期待されています。

　新しい人材が吸引できなければ、事業を維持することも拡大することも困難であるので、介護事業者は幅広い人材確保戦略を立案し、果敢に展開する必要があるのです。

(3) 介護DXに真剣に向かい合う必要性

　介護事業におけるDXも、介護保険制度の運営に係る全てのシステムのDX化もマストです。介護保険者や国および地方自治体のDX推進が未だ軌道に乗っていないことは、誰の目にも明らかです。このことは国・地方自治体が責務を果たしていないことを意味するのではないかと考えられます。DXが推進できないことの言い訳は山積みされていますが、介護事業の継続性には何ら貢献しません。印鑑が必要なくなったのはありがたいことですが、行政文書のペーパーレス化さえ実現できないのでは国際競争力を

失うだけであることを正確に理解して欲しいのです。

　すでに介護事業者は、DX 競争に参加しペースは遅くとも確実に計画化して実行するしか選択の余地はないことを理解しているはずです。つまり、介護事業者は、介護業務全体を変容させなければ生き残れないことを理解しているので、長年積み重ねてきた規制主義的紙媒体の文書主義を変容させなければなりません。介護保険行政は、徹底的に規制緩和を推進することが強く要請されていることに対して、真摯に向き合って欲しいというのが、わたしの願いなのです。

（4）介護 DX はカエル飛び戦略で進める

　以上、介護 DX の前提となる介護保険制度の課題と将来について、基本的情報を整理してみました。もちろん単なるわたしの見方に過ぎませんが、介護保険制度自体が必ずしも順風満帆ではなく、超高齢社会を乗り切るためには連帯と協力そしてこの時代をともに生きる人々の共通の覚悟が必要なのだと思います。

　介護 DX は、介護保険制度に関連する仕組みの最適化、ケアの有効化、業務自体の変革化のために必要不可欠なので、着実に取り組みましょう。現状ではすでに出遅れ感があるのかもしれませんが、リーダーシップを発揮して、いっきに大ジャンプするのが希望です。そのためには、各組織の「カエル跳び」言い換えればリープ・フロッギング戦略を策定することが大切なのです。

第2章

日本は、今、ターニングポイントです

1 AIが世界を牽引して構造改革が進みヘルスケアも教育も大変革すると思う

　2024年1月末のマイクロソフトの時価総額が3兆ドルを突破し、アップルと首位争いを繰り広げているという報道がありました。4月26日にはグーグルの持ち株会社であるアルファベットが2兆ドルを超えたのです。この3社の株価と発行済み株式数を掛け合わせた時価総額が8兆ドルに達した要因は、AI関連株価の急騰だといえます。

　エヌビディアは半導体メーカーとして知られており、AI関連技術において世界的なリーダーのひとつです。時価総額は、2024年4月現在で約2兆1933億ドル。この数字は時価総額の推定値でしかありませんが、時価総額の高さは、同社の成長性と市場の期待によるものです。世界経済の潮流は、エネルギー・自動車をはじめとする製造業からAIにとってかわったのではないかと思います。

　日本のプライム市場1,658社の時価総額は900兆円を超えたと推計されていますが、1ドル150円換算で6兆ドルということになります。日本企業の株価上昇が話題になっていますが、世界のAI関連株高に後れを取っています。

　今、AIが世界経済を牽引することで、各種の様々な構造改革が進む可能性があるといわれています。例えば「自動化と効率化」

「データ分析と予測能力」「新たなビジネスモデルの創造」「労働力の変容」「グローバルな競争力の向上」などです。これらはあくまで一例ですが、AIが世界経済の構造改革の促進に大きな影響を与えるのです。

　生成AIは、「生産または発生することができる人工頭脳」という意味で、「さまざまなコンテンツを生成できるAI」とか「さまざまなコンテンツを生成する学習能力があるAI」ということになります。グーグルが提供するGeminiやマイクロソフトが提供するAIサービス群の総称であるCopilotは無料で利用できるプランもあり、とても便利です。

　生成AIは、質問と回答、各種文書作成、翻訳、Web検索、データ分析、画像や音声の認識と合成などの幅広い機能があります。生成AI以外では、与えられたデータや情報から未来の状態や出来事を予測する能力を持つ「予測AI」、データを特定のカテゴリに分類する「分類AI」、行動を学習する「強化学習AI」など、さまざまな種類があります。

ChatGPT4を壁打ち相手に楽しむ

　AIについては、よく理解しているわけではありませんが、生成AIのChatGPT4との長時間の対話から、どのようなことが近い将来に実現するのかということについて、各所でブレーンストーミングしています。内容は教育とヘルスケア分野のことですが、つぎのようなことがわかりました。

教育の分野では、単なるデジタル化ではなく、効率的かつ効果的な学習環境を提供することを目指し、国が進めているGIGAスクール構想による学習端末の整備やCloud環境の整備が進められています。GIGAスクール構想は、2019年に文部科学省が開始した取り組みで、全国の児童・生徒に1人1台のコンピューターと高速ネットワークを整備するプログラムです。この構想は、ICT（情報通信技術）環境整備を通じて、個別最適な学びや協働的な学びを促進し、教育の質を向上させることを目的としています。

　教育現場でAIは活用されています。例えば、個別化された学習支援やフィードバックの提供、教師の業務の効率化、学習データの分析、オンライン学習や遠隔教育の普及により、AI技術を活用した教育プラットフォームや学習支援ツールの需要も増えています。AIを活用した教育のメリットとしては、学習の個別最適化や効率化、学習者の自己学習意欲の向上、教育の柔軟性やアクセスの向上などがあります。一方で、個人情報の保護や倫理的な問題などの課題も存在することが理解できました。

　教育分野では、AIを活用した個別学習の支援や教材のカスタマイズ、学習者の進捗管理などが可能になり、AIが教師の負担を軽減することで、より質の高い教育が提供されます。単なる暗記型の学習評価から創造性や社会貢献度などが高く評価されるようになるのではないかということが理解できました。

ヘルスケア分野のAIは確実に構造改革を生む

　「保健医療分野における医療AI活用推進懇談会」は、厚労省が2017年6月から開催した会議で、日本の医療技術の強みを活かし、保健医療分野の課題解決に焦点を当てて、AIの開発を進めるべき重点6領域が選定されました。これらの領域は、ゲノム医療、画像診断支援、診断・治療支援、医薬品開発、介護・認知症、手術支援です。特に、画像診断支援は医療AIの活用が進んでおり、AI技術を用いて医師の診断作業を支援しています。AIは大量の医療画像データを解析し、異常を検出したり病変の特徴を抽出したりすることができます。

　AIが医療データの解析を行い、早期の病気の予知や治療法の最適化に役立ち、AIを活用したテレヘルスの普及によって、遠隔地や医療アクセスの限られた地域でも高品質な医療サービスが提供されるのだと理解できます。

　介護業界では、ICTの活用、リモートモニタリングやロボット技術の導入、各種コミュニケーションツールの活用が進み、導入スピードは遅いもののAIを用いた認知症の早期発見や予防、予測モデルに基づく個別ケアの提供などが行われています。また、AIによるデータ分析や意思決定支援も介護の効率化に貢献しています。

社会医療ニュース Vol.50　No.586　2024年4月15日

2 円相場が日本の国際的位置を端的に表し日本の経済の先行きは真っ暗闇

　円安・ドル高の進行傾向に歯止めがかかりません。2023年10月3日ニューヨーク証券取引所で円相場が150円を超えました。2022年10月22日に150円越えして以来のことです

　東日本大震災後の2011年10月につけた1ドル＝75円32銭の戦後最高値から円相場は円安傾向が続いています。円相場が100円以下というのは2013年までで、その後10年間、円安傾向です。2019年の年平均が109円台、2020年が106円台、2021年が109円台だったことに慣れているせいか、150円台といわれると3割以上は高くなったという感じがします。

　相場は、社会経済の動向や国際情勢、経済成長率、金利の変動、貿易収支、紛争・戦争あるいは各国中央銀行のトップや世界的な投資家の発言などの要因が交わって変動しています。

　教科書的には、国際決済が基軸通貨である米ドルで行われるため、国内企業の輸出が増加すると獲得した米ドルを日本円に替えるので円高になり、円の価値が上がり、円高に向かいやすくなる傾向があります。逆に輸入が増加した場合には、円安傾向になります。

　今、世界のエネルギーや食糧価格が上昇していることが円安の要因であることは確かですが、日米の金利格差が急激に拡大

していることも大きな要因だと、判断できます。

　最近の世界の為替相場や証券相場は、乱高下しています。プーチンの戦争が長期化し、世界は分断され、国際秩序が回復されることもなく、グローバリゼーションの時代は終焉してしまいました。

　問題はこの先です。岸田政権は「新しい資本主義」を主張していますが、日本経済の先行きに希望がみいだせません。為替相場の専門家といわれる人々の今後の予想を読むことがありますが、3年後に円高になるという予想にお目にかかりません。3年後170円台という予想をみると、漠然とした不安が払拭できませんが、この先の事はよくわかりません。

ビッグマック指数にみる日本市場の購買力の低下
　ご存じかもしれませんが、「2023年のビッグマック価格ランキング」というものがあります。各国のマクドナルドで販売されているビッグマック1個当たりの価格を比較するもので「ビッグマック指数（BMI）」と命名されています。

　2023年7月のビッグマックの日本での価格は、450円でしたが、これは世界43番目の価格で、USAの43.3％の価格だそうです。この月の相場で円換算すると、17位がオーストラリアで713円、31位韓国580円、46位香港419円になります。

　そういうものだと思えばいいのかもしれませんが、この日本の国際順位が下がり気味なのが気になります。2024年9月の

円相場は約143円でしたので、今後とも順位が低下する恐れがあります。

　日本国内で生活している限り、ビッグマック価格も円相場も、気にせず暮らすことができます。ただ、このままエネルギーや食品価格が高騰し、物価上昇に歯止めがかからず、賃金水準が相対的に上昇しないという状態になれば、多くの人々は過去より貧乏になることになります。

　1割程度の物価上昇なら耐えることができまるのかもしれませんが、それが長期的に2割以上になると政情不安定の原因になるのではないかと思います。特に、政治的発言力に恵まれていない低所得世帯の生活は、困窮することになります。1970年代のオイルショック・狂乱物価の時代を生きてきましたが、食べるものに不自由するようになると社会は変わるのでしょう。円相場は物価に影響を与えますので、国際社会の中の日本を考えるとすれば、円相場から自由になれません。人生、楽観的に生きていたいと思いますが、一寸先は闇なのかもしれません。特に、今後の円相場は予断を許さないと思います。

国際比較をしようとすれば円相場が影響しているのだ
　円相場に関心があるのは、医療費や社会保障費用などの国際比較に関して、米ドル換算数値が多用されるからです。例えば、東京都内の35歳平均の大卒看護師の平均年収が600万円とします。円相場が100円から150円に変化するとドル換算では

400万円相当の価値に下がったことになります。

　ニューヨーク市のレジスタードナースが9万ドルであれば、円換算では1,350万円相当になることになります。ただ、東京とニューヨーク市を比較しても日常の生活に大きな変化はありませんし、相場を気にする必要はありません。

　病院経営を国際比較するとか、国民医療費を計算するとか、GNP対比でどうかという話になると、円相場を正確に理解する必要があります。急激な為替変動時は、世界中の経済指標を円換算していたのでは、何もわからなくなりますので、米ドル換算が便利です。円相場については、多くの専門家がいらっしゃいますし、日本の政府にとっても産業界にとっても重要な関心が寄せられています。ただし、単純に考えてみれば円相場は、国力を示す指標のひとつであることは間違いないはずです。

　日本の経済学者の多くは、人口減、生産年齢人口の減少が日本経済に悪影響を与えるとおっしゃっていますが、そんなことは長年警告されてきたことです。聴きたいのは、どうすれば日本社会を最低限支えていけるかということです。

　円高は強く、円安は弱い国力だということにほかなりません。

3 自動車産業はＣＡＳＥ時代に突入し産業と社会保障制度の連携が必要

　走行時に二酸化炭素を排出しない電気自動車（EV）や燃料電池自動車（FCV）、外部から充電もできるハイブリッド自動車（PHV）をゼロエミッションビークル（ZEV）と呼ぶそうです。正確に確認できませんが、米国も中国も、そしてカナダも日本も2035年までにガソリン車の新車販売を禁止することになり、英国は2030年までにガソリン車とディーゼル車の新車販売を禁止し、2035年までにハイブリッド車も禁止する方針とのことです。

　トヨタ自動車株式会社のHPに"テクノロジー"のタグがあり、その中に"CASE"があったので開いてみるとつぎのように書いてあります。

　【Connected（コネクティッド）、Autonomous/Automated（自動化）、Shared（シェアリング）、Electric（電動化）といった「CASE」と呼ばれる新しい領域で技術革新が進む中、クルマの概念は大きく変わろうとしています。トヨタは、モビリティに関わるあらゆるサービスを提供し多様なニーズにお応えできる「モビリティカンパニー」として、「未来のモビリティ社会」の実現に取り組んでいます。】

　自動運転、自動車の共同利用、電動化はわかる気がしますが、

あらゆるソフトウェアとつながるというイメージが今一つ伝わってこないのです。おっしゃりたいことは、一昔前まで電子頭脳といったAI、インターネット上のあらゆる情報を利用できるクラウド、そして最近の言葉である各種プラットフォームと結びつくということのようです。

　自動車業界のことはうといのですが、2021年6月にスズキの鈴木修社長が「電気自動車のことはわからない」という趣旨を表明して退任されたという記事がありました。8月6日には「ホンダの早期退職優遇制度に2,000名超が応募し、55歳以上64歳未満の国内正社員の約5％に相当する削減数となりました」という記事が、18日には日産が米国市場で新型Zを発売するというニュースも流れました。

　同月20日には「中国インターネット検索大手の百度（バイドゥ、Baidu）は、運転手を必要としない完全自動運転レベル5の機能を備えた『ロボットカー』を発表した」というWebニュースに触れたのです。

熾烈なCASE合戦に負けないでいてください

　2018年の自動車製造業の製造品出荷額等は62兆3千億円、全製造業の製造品出荷額等に占める自動車製造業の割合は18.8％で、自動車輸出金額は15.9兆円、自動車関連産業の就業人口は542万人です。自動車産業は、日本経済を支える重要な基幹産業であることは明らかです。

自動車関連就業人口のうち、製造部門は91万人強ですが、資材部門43万人、販売整備部門が103万人、利用部門約270万人、関連部門約35万人を合わせると、日本の全就業者の8.1％に達すると報告されています。

　自動車関連産業が熾烈な国際競争に「負けない」ために、今後とも国民の一人として協力したいと思います。理由は、医療や介護を含めた社会保障制度は「完全雇用と若干の経済成長が大前提」で「実態経済の現実を直視していないと社会保障は守れない」のだという教育を受けたからです。

　経営的いいかたをすれば、自動車産業は日本のプロフィットセンターで、医療や福祉はコストセンターとして相互にしっかり連携し、国民生活の維持と安定に寄与するということが基本的な日本の「かたち」だと思い込んでいます。

医療・福祉の就業者数は最大就業人口に成長する

　総務省の「労働力調査」によると2020年の「医療福祉」就労人口は862万人で、就業人口の12.9％を占めています。産業別人口をみると第1位が「卸売業・小売業」第2位が「製造業」で、ともに1,000万人台となっており「医療福祉」は第3位です。ただし、女性の雇用者数でみると640万人に達し第1位となっています。

　労働政策研究・研修機構の「労働力需給の推計」をながめると、2025年に「医療福祉」は908万人、40年に974万人に達す

ると推計されています。将来人口が減少する過程で一方的に就業者人口が増加するのは、実は「医療福祉」だけで、2040年以降は製造業を抜き第1位の就業者となることは確実だと読み取れます。

「医療福祉」の就業者数は1996年に400万人でしたので、約25年で倍増し、これからも増加することが確実だと推計されていることを、どのように認識し、何を考え、どのように対処すればよいのでしょうか。

「医療福祉」の就業者数が増加することを当然視することは可能ですが、労働集約型産業で就業人数が増加すれば人件費が発生し「医療福祉」分野への国民負担も増加し、それらを支える仕組みと経済が円滑に機能する必要があります。これこそが必然だと、わたしは思います。

日本人の生活水準が国際社会で若干低下しても、平和と連帯が維持できれば良いという覚悟が共有化されれば選択肢はあると思いますが、日本の実体経済の分野で世界と競争しなくても良いという理屈は導き出せません。

このイシューは、一人ひとりの生涯にとっても、産業や経済にとっても、社会保障にとっても、そして日本の文化にとっても「国のかたち」を追求する試金石なのではないかと思うのです。

4 カーボンニュートラルを実現するためにも デジタル社会を創造するにも連帯が必要だ

　40年前ごろから産業構造のソフト化やサービス化の流れが広がり、重厚長大産業はアジアの国々に取って代わられるようになり、エレクトロニクスやソフトウェアなどの軽薄短小産業（ハイテク産業）へのシフトが進んだのです。

　1990年代後半のITブームは、インターネットを利用した新しいビジネスモデルがつぎつぎに誕生し、ニューエコノミーなどともてはやされます。すると「ものづくり」に固執してきたオールドエコノミーが衰退の危機に見舞われました。

　そのITブームも国際競争力がなく日本経済の再生を成し遂げることはできなかったのです。ただ、オールドエコノミーと呼ばれていた企業もIT化を進めニューエコノミーの分野に進出し、かろうじて日本の産業は維持されてきたと考えることができます。

　自嘲気味に「失われた30年」などという人もいますが、かつて「ジャパン・アズ・ナンバーワン」とおだてられて喜んでいた日本は、1人当たり名目GDPランキング（購買力平均換算）30位の「年老いたドラゴンの国」でしかありません。

　最新の企業経営は、環境経営とコンプライアンス経営なのではないかと、わたしは考えています。企業経営の不祥事を未然

に防ぐことと、環境問題への対応は無関係ではなく、そこには株主やステークホルダーからの要望が見え隠れします。環境に配慮していない、ルールが守られていない企業は、結果的に企業価値が低下し、いずれ社会から見放されるかもしれないという危機感は、融資している金融機関や出資している株主には脅威以外の何物でもないのです。

　回りまわって病院や介護あるいは教育などの分野では、環境経営やコンプライアンス経営のことをおざなりにしているのではないでしょうか。介護報酬改定で LIFE のことが雑誌記事などで盛んに書き立てられますが、介護保険事業所のデジタル環境は問題満載の状態です。実際、スマートフォンが使えないと経営ができない時代です。

デジタル社会を形成する 6 つの法が成立しました

　2021 年 5 月 12 日、国会で行政のデジタル関連 6 法案が成立しました。法律名は、デジタル社会形成基本法、デジタル庁設置法、地方公共団体情報システム標準化法、デジタル社会形成整備法、公金受取口座登録法、預貯金口座管理法です。これで日本はデジタル社会に向かいます。ただし、デジタル庁の発足は 2021 年 9 月 1 日です。

　あらゆる生活場面で変化が起こります。いずれマイナンバーカードは、身分証明書、公的本人確認証、健康保険証、介護保険証、そして運転免許証や医師資格等の公的資格の確認証と連動する

でしょう。ビッグデータが活用されようになることにより、大きな変化がおとずれようとしています。

デジタル社会を形成するためには人材の育成、教育・学習の振興が不可欠で、街中でスマートフォンやパソコンの無料研修会が開催され、どんなに高齢になっても操作できるような学習が国中で奨励されることになるそうです。

先月「わたしはガラ携でいいの」とおっしゃる85歳の婦人に「来年からガラ携なくなります」と話すと「どうして？」と尋ねられたので「昔、ポケベルがなくなり、PHS携帯もなくなったでしょ」と答えたら「それじゃ勉強し直さないといけないのね」とのことでした。「面倒くさい」とか「わからない」ではすまない社会に変わるわけですので、親切丁寧に後期高齢者の皆様の学習を官民一体で進めて欲しいと思います。

変革をするために国民連帯が必要なのは社会保障と同じだ

どちらかというと全体主義的な社会は息苦しいので、わたしは勘弁願いたいと考えています。しかし、このパンデミックであらわになった米国中心の白人優位主義や自由至上主義（リバタリアニズム）、移民排斥や格差拡大を端緒とした社会の分断、そして力でねじ伏せ罰則を強化しなければ政府の呼びかけには応じない人々が世界にあふれているのは、どうにかならないものなのかと考え込んできました。

緊急事態宣言下の東京で飲食店のアルコール販売は中止要請

があり、守らなければ罰則がありました。それにもかかわらず、立ち飲み店に人だかりができていたり、大勢の人たちが公園で酒を飲みながら大声で話しているのを目撃してしまうと、要請しただけで規則を守る人が日本に多いといえるのかどうか、わからなくなってしまいました。我慢の限界なのかどうかという話では、済みそうもありません。

　民主主義を社会保障が支えているという主張は、いずれ社会保障制度を民主主義が支えているという確証を求められることになると覚悟しています。その前に、今、政府の指示に多くの人々が暴動も起こさずしたがうのは、民主主義と社会保障がこの社会にしっかり根付いているからなのだという理解を共有する必要がありそうです。

　仮に民主主義と社会保障が相互補完的関係にある社会を突き詰めて考えると、この双方を支えているのは「連帯」なのだという当たり前の結論になるのではないでしょうか。ひとつ飛ばして考えれば、有事に政府が要請しただけで規則を守る人が多いのは、連帯のたまものなのだということです。そして、この「連帯」が危なくなっているのです。

　「分断の危機だとか」「民主主義の脅威だとか」「世界は新しいリーダーシップを求めている」などと論評している世界の知識人に、わたしは日本の民主主義と社会保障を正確に理解して欲しいし、わたしたちの連帯についての正当な評価を聴いてみたいという衝動があります。

結論は、カーボンニュートラルを実現するためにもデジタル社会を創造するためにも一層の連帯強化が必要ということです。これなくしては経済の再生どころか経済の維持も難しいと思います。そのためには民主主義と社会保障制度の堅持が必要で、この２つが機能しているのであればドラスティックな社会変革に耐えることもできるし、明確な処方箋を書くことも可能なのではないでしょうか。

　　　　社会医療ニュース Vol.47　No. 551　2021 年 6 月 15 日

★民主主義と社会保障の関係
　同僚の香取照幸さんは『民主主義のための社会保障』(東洋経済新報社、2021)という本の中で、つぎのよう述べていますので、引用させてもらいます。
　社会保障と民主主義、どこでどうつながるのか、と皆さん思われるかもしれませんが、実はとても深いところでつながっている。私はそう確信しています。物事なんでもそうですが、民主主義も「制度」をつくっただけでは機能しません。民主主義が機能するためには社会が一定の「発展段階」に達していること、つまりは民主主義の中核を担う安定的な中間階層が形成されていることが必要です。そして、分厚い中間所得層を形成するには一定の経済成長＝豊かさが必要であり、持続的に社会を発展させるには、その原動力である市民１人ひとりの活力、自己実現を保障すること、つまりはそれを生み出す「市民的自由の保障」が不可欠です。

5 政府は社会保障制度の制度疲労を検知して早急に明確なビジョンを示すことが必要だ

　2022年10月3日に臨時国会が開かれ、岸田首相は所信表明演説の冒頭部分で「今、日本は国難ともいえる状況に直面しています」と述べました。経済政策面では新しい資本主義の旗の下で、「物価高・円安への対応」「構造的な賃上げ」「成長のための投資と改革」の3点が経済政策の重要分野として掲げられました。

　第1の物価高・円安への対応では、9月に政府が決定した物価高対策に加えて、来春に電力料金が大幅に上昇する可能性を踏まえて、電力料金急騰の激変緩和制度を創設する考えが改めて示されました。

　第2の構造的な賃上げでは、賃上げが、高いスキルの人材を惹きつけ、企業の生産性を向上させ、さらなる賃上げを生むという好循環が、機能していないという、構造的な問題があり、賃上げと、労働移動の円滑化、人への投資という3つの課題の一体的改革を進めます、としました。

　物価高が進み、賃上げが喫緊の課題となっている今こそ、正面から、果断に、この積年の大問題に挑み、「構造的な賃上げ」の実現を目指し、看護、介護、保育をはじめ、現場で働く方々の処遇改善や業務の効率化、負担軽減を進めるとのことです。

第3の成長のための投資と改革では、社会課題を成長のエンジンへと転換し、持続的な成長を実現させる。この考えの下、科学技術・イノベーション、スタートアップ、GX、DXの4分野に重点を置いて、官民の投資を加速させるという従来の考え方を述べました。

　社会保障については、新しい資本主義を支える基盤となるのは、老若男女、障害のあるなし関係なく全ての人が生きがいを感じられる多様性のある社会で、全世代型社会保障の構築を進め、少子化対策、子育て・こども世代への支援を強化するとともに、女性活躍、孤独・孤立対策など、包摂社会の実現に取り組みますとのことでした。

　経済対策も社会保障制度改革についても、具体的な内容は盛り込まれておらず、政府内部の議論が煮つまっていないような印象を受けたのは、わたしだけでしょうか？

政権発足1周年記念日に北朝鮮ミサイル日本通過

　世論の支持を受けて誕生した岸田政権が、旧統一教会や国葬あるいは物価高などで支持率を失速させたことは、誠に残念です。国難に立ち向かうには、無用な政治問題を発生させず、俊敏に適切な決断を国民に示すことが必要です。内閣支持率と政府の俊敏な決断は、裏表の関係にあると思います。

　演説の中で首相は、いわゆる「反撃能力」含め、国民を守るために何が必要か、あらゆる選択肢を排除せず現実的な検討を

加速します。あわせて海上保安能力の強化にも取り組みますと、述べました。安全保障、特に、国防のリアルは短期間で準備できないことは、十分理解しているつもりです。社会保障も長年の議論と国民連帯が前提ですので、10年先をみた国のかたちを描けないと制度改革できません。国家保障とは国防のことで、社会保障は戦禍の中から英知を集めて将来の社会生活の困難を「ゆりかごから墓場まで」なんとか保障することを実現させてきたのです。歴史と現実を正確に踏まえて、果敢に決断し物事を進めなければ、全てが後手後手になり取り返しがつかない失策になる危惧を、わたしは禁じ得ません。

　岸田政権発足1周年記念日でもある翌4日朝、北朝鮮から弾道ミサイルが発射され、Jアラートが発動しました。だれもが身の危険を強く感じたはずです。経済的状況やその国の人口構成は、総合的な国力に影響します。今、日本の国力は、半世紀前の状態に引きもどされ、少子超高齢社会は将来の基盤を脅かしています。わたしたちは、現実を直視して、自然環境への負荷を低減し身の丈に合った生活を営み、それでも次の世代の人々に最善のレガシーを残すことが必要なのではないでしょうか。

社会保障制度改革は本気なのでしょうか
　最近、治山治水分野や道路・橋、下水道や送電設備などの基本的インフラの老朽化のニュースが多くなったように思います。インフラは絶えず保守点検し一定期間後には再構築が必要です。

手抜きし放置すれば、いずれ大惨事が起きる危険があります。

　医療や介護あるいは福祉の仕事は、地味かもしれませんが人々のライフラインを全国各地で守っています。これらのライフラインの老朽化や欠損は、命の問題なのです。今、社会保障制度全体が安全に機能しているわけではありませんし、制度自体の制度疲労がないわけではありません。そうであるから全世代型社会保障の構築の議論を進めているのでしょう。

　100年近く前から「疾病と貧困の悪循環をどのように断ち切るのか」とか「子ども、働けない高齢者や障がい者などの人々の生活を社会全体としてどのように支えるのか」そして「その行政テクノロジーともいえる制度設計をどうするか」というトライ＆エラーが各国で繰り返されてきました。

　わたしたちは、今、将来の世代の家族や家族生活そのものの困難に対してどのような「家族政策」ともいえるものを展開するのかという岐路に立たされています。それは、単なる子ども、子育て支援などといった不足している家族機能を補うものではなく、日本の将来を画く制度政策議論なのです。このことを正確に理解して欲しいのです。

　　　社会医療ニュース Vol.48　No.567　2022年10月15日

6 医療・介護・福祉サービスの分野でのICT活用に業界官界総出で取り組んで欲しい

　医療・介護・福祉サービスについてのデジタル対応については、政府も強力に推進したいという方針を明確にしています。日本医師会は、医療の専門家集団として、医療現場のICT化を推進するため、各種の検討や医療DXを進めるための活動を強化しています。しかし、オンライン診療については「遠隔診療は、あくまでも直接の対面診療を補完するものとして行うべきものである」との従前の厚生労働省の見解を尊重してか、無制限なオンライン初診には慎重な姿勢を崩していないようにみえます。

　診療情報のビッグデータともなる電子カルテの利活用に関しての議論も盛んに進められていますが、システムの統一性とか、費用負担の在り方に関しては膠着状態のように見受けられます。デジタル庁が設立され各種施策が推進されるのでしょうが総論賛成各論異論で、デジタル対応を推進するエンジンがフル稼働していないのではないかと思います。より踏み込んでよければ、オール霞が関で推進するという雰囲気は感じられません。医療・介護・福祉サービス業界はどうかといわれれば、一部の先駆的な組織を除き未だ本気モードではない、といえるのではないかと思います。

　総務省は2022年の年度末ギリギリの3月29日に、「持続可

能な地域医療提供体制を確保するための公立病院経営強化ガイドライン（GL）」を策定し、自治体などに通知しました。2015年3月にまとめた「新公立病院改革GL」以来、7年ぶりの見直しとなり、さぞ立派なものなのだろうと読んでみましたが、がっかりしました。

　当然、公立病院はどうするのかということについての記述ばかりですが、2020年度の多額の感染症対応に関連する多額の補助金でほとんどの病院が欠損金を計上せず、黒字化するという約50年ぶりの快挙に、経営改善強化の要請はトーンダウンしているようにしか読めませんが、経営問題の本質は何も解決していないのです。

　特に残念なのがICTへの取り組みで、「情報システム等の整備を行う場合は、病院事業債（特別分）の対象となるので、参考にされたい」とは書かれていますが、何をどうしたら良いのか右往左往している公立病院には判断困難かもしれませんね。驚くのは「デジタル化への対応」で「マイナンバーカードの健康保険証利用」については書いてあるものの、つぎのように続いているのです。

　「デジタル化に当たっては、近年、病院がサイバー攻撃の標的とされる事例が増加しているとともに、医療において扱われる健康情報は極めてプライバシーに機微な情報であるため、厚生労働省の医療情報システムの安全管理に関するガイドライン等を踏まえ、情報セキュリティ対策を徹底するよう留意すべきで

ある」。

　政府は、デジタル化を強力に推進する方針ですが、自治体病院にはデジタル化推進も医療DXという言葉もないのです。多くの公立病院の職員と接することが多いわたしとしては、公立病院のデジタル化に関して病院組織全体で取り組んでいるという情報に触れることが、めったにありません。

　こんなことでは、日本の病院は世界の病院DXに確実に乗り遅れるのではないかと危惧しているのです。情報セキュリティ対策は重要ですが、1病院だけで対応できることには限界があり政府として対応を早急に示すことが必要です。「危険があるかもしれない」だから「病院DXは様子見」というような空気になっていますよ。

事業所規模が小さくデジタル対応が困難

　医療DXを考える場合、日本の病院の事業所規模を勘案しないとどうにもならないのです。医療施設動態調査の2022年1月末の病院数から平均病床数は183床です。病床数が少ない順に累積すると約130床で50％を超えるので、日本の病院の半数は130床以下の病院ということになります。日本の全病院の全職員合計は1病床当たり約1人にすぎず、事務職員に限ると100床当たり14人程度となります。逆に、日本の300床以上の病院でも、事務職員は約18％弱にしかすぎません。

　このことが議論の前提として重要でICT対応の専門職員を事

務職に限定してしまえば、情報管理責任者として教育を受けた人材が配置されている病院は、半分もいないということになります。医療DXについては、各種の議論がありますが、SEと呼ばれる職員がいる病院は4分の1程度しかいないということになるのだと思います。その他は、事務系職員が何とかICTに対応しているのが現状です。

　老健施設とか特養ではSEがいる施設は僅かにしかすぎませんし、その他社会福祉施設では「DX」の話はほとんど進んでいないのではないかと感じています。したがって、病院の半数や社会福祉施設などでは、SEもおらずデジタル化に対する知識も少ないという前提で対応することが重要だと思います。

行政分野のデジタルも遅れ小規模事業所のDXは無理
　マイナンバーカードの健康保険証利用に限定して考えてみると「何をもたもたしているのか」といいたくなります。台湾のオードリー・タン政務委員のような能力があるデジタル担当大臣は日本にはいないのでしょうか？各省庁からデジタルに少しは知識がある人材をかき集め、民間からも協力を仰いだとしても、トップがデジタルを完全に理解していなければ、スピードアップできませんよ。政府自体がもたついているわけですから、小規模事業所のDXは無理なのかもしれないと悲しんでいます。

7 夢なきところ民は滅ぶといいますが 社会保障分野のデジタルを最優先‼

　毎日の暮らしの延長線で起こる変化さえ正確に把握できていないような気になることがあります。多分、普段はみたいモノや、ききたいコトだけを見聞しているので生活に支障はないのですが、突然、何がなんだかわからないモノやコトに遭遇すると、何とか理解してみたいと右往左往するのですが、結局、短時間に理解することはできません。

　そんな時、忘れるか、諦めるか、気にしないという対応と、何とか調べまわったり、学び直したり、とりあえず宿題にしておくという選択肢があります。別の言い方をすれば、知らないことは知らないのですから、生活や仕事に支障がなければ知らなくても生きていけます。ただし、どう考えても知らないでいると生命や財産に不利益が生じる恐れがあると判断できれば知る努力をするはずです。ボヤーっとそんなことを考えていると、わからないことに囲まれているような気にもなりますし、わかっていることのほうが少ないのかもしれないと思い到ったりしてしまいます。

　こんなことでは世界の急激な変化の全てを理解できるわけはありませんが、そうかといって世界はつながっているわけで「関係ない」とはいえませんよね。「ソサエティ5.0」とか「第4次

産業革命」の話は、後で述べますが、これらのことに関心が深まったのは、「労働生産性」のことを調べている過程で、どのような関連性があるのかを整理したいと考えはじめて作業した副産物です。

わたしは、2017年になぜ「生産性革命」などということを突然のように安倍首相が発言したのかについて状況証拠を並べて知りたいと考えていました。

2016年1月にスイス・ダボスで開催された第46回世界経済フォーラムの年次総会（通称：ダボス会議）の主要テーマとして「第4次産業革命の理解」がとりあげられ、議論されました。この会議後、経産省をはじめ日本中が「第4次産業革命」ブームみたいに大騒ぎになりました。

政府の政策というのは、誰でも、確実な情報を収集し、慎重に吟味し、実現可能性や費用対効果なども勘案して、創り込んでいくものだと考えているのではないかと思います。しかし、流行がありますし、世界を取り巻く環境要因も勘案しなければならず、政治的決断には絶えずリスクが伴います。そのような前提から制度・政策議論の展開を考えていると、突然「いってみてるだけ」、「官僚のヤッター感、自己満足」、「つじつま合わせ、言い訳対応」としか考えられない政策判断がなされることがあります。為政者たちをチェックできるのは選挙民だけなので、注意深く観察することが大事です。

夢なきところ民は滅ぶ、されど貧乏は解消せず

　OECD加盟国の中でのGDPを比較すると日本が長期にわたり順位を下げ続けているとか、労働生産性を国際比較すると一向に向上しない状況は、日本経済の成長はカメの歩みで、他の国々に追い越されているのだというように認識されているのでしょう。これまでは生産年齢人口は減り賃金は上昇しないものの、物価も安定しているのでなんとか暮らせていけただけなのかもしれません。2021年度の国の一般会計当初予算の歳入106兆円のうち、公債費が40％を超え、補正予算ではさらに22兆円が公債費として積み上げられているのです。緊急の感染症対応なので、仕方がない面はありますが、構造的問題は何も解決されていません。

　このような状況では「第4次産業革命」に期待する以外方法がないことはよくわかります。カネもないしヒトもいない、企業の取り組みは本格化しない、何といっても世論の盛り上がりもなく、政権への支持率が上昇するわけでもないのです。AIは重要ですが、日本が最先端を進んでいるわけではなく、ICT技術はまだまだ開発の余地はあるのです。

　夢は大切ですし、夢がなければやりきれないという局面もあります。しかし、夢だけでは国民生活の向上は達成しません。新しい世界になれば、多くの人々はより幸福になるのでしょうが、現在の産業構造は大転換するはずです。例えば、完全な自動運転が達成されれば、運転という仕事はなくなってしまう

のです。つまり、技術的発展の「光」は、必然として「影」を生みだすのですから、このような事態に対応できる再教育システムの内容やセーフティーネットとしての社会保障全般の将来も明確に示しながら、なるべく多くの人々の理解をえる努力が必要だと思います。

医療や介護のデジタル改革を政策として最優先して欲しい

　介護分野のICTを活用した業務改善やロボットを活用した業務負担の軽減については、政策展開する方向性が明らかにされています。また、医療・ヘルスケア分野は、AIの基盤整備やデータの利活用の観点から重要な産業分野として、政策的にも注目されてきました。

　臨床データや健康管理に関するビッグデータや医療機器のIoTデータをAIと結びつけることによる各種の医療技術革新などには、大きな可能性があります。オンライン診療が4年前の2020年に診療報酬上評価され、診療報酬改定時にも高く評価する方向性が示されていますが、当初の報酬設定が臨床現場から反発されたこともあり、政府の明確な政策として位置づけられていなかったのではないかという疑問があります。

　ICTやIoTを活用して、将来的にはAIに結びつけるという国家戦略が明確であるなら、歳出の3分の1を占める税が投入されている医療分野や社会保障分野の仕事の技術革新を促そうというような国家戦略は考えられないのでしょうか。

DXに必死で取り組んでいる病院はいくつかあります。介護の生産性向上策としてICTやロボットの導入に熱心な介護事業所や介護保険施設もあります。しかし、財務的に余裕もないのに懸命に取り組んでも医療や介護組織のこれら経営者には「いずれ政府はハシゴを外すのではないか」とか「旗振りばかりしているが経営を改善できる原資となる診療報酬や介護報酬を無理やり引き下げようとしているのではないか」という一抹の不安がよぎっているようにしか、わたしにはみえないのです。

　　　　　社会医療ニュース Vol.48　No.560　2022年3月15日

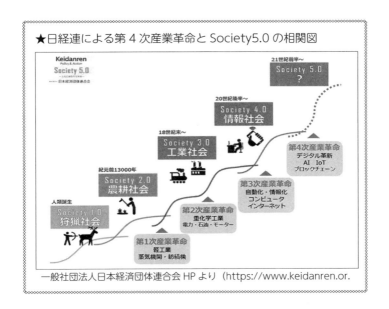

8 ソサエティ5.0とか第4次産業革命だといわれても実感できないのは誰のせいか？

　以前からメディアに登場して気になっていた「ソサエティ5.0」とか「第4次産業革命」について調べてみました。サイトにはたくさんの情報がありますが、まずは政府系、動画や文書をチェックしてみます。

　まず、内閣府HPには「サイバー空間（仮想空間）とフィジカル空間（現実空間）を高度に融合させたシステムにより、経済発展と社会的課題の解決を両立する、人間中心の社会」であり、狩猟社会、農耕社会、工業社会、情報社会に続く、新たな社会を指すもので、第5期科学技術基本計画において我が国が目指すべき未来社会の姿として初めて提唱された、とあり、以下のようにつづいています。

　「これまでの情報社会（Society 4.0）では知識や情報が共有されず、分野横断的な連携が不十分であるという問題がありました。人が行う能力に限界があるため、あふれる情報から必要な情報を見つけて分析する作業が負担であったり、年齢や障害などによる労働や行動範囲に制約がありました。また、少子高齢化や地方の過疎化などの課題に対して様々な制約があり、十分に対応することが困難でした」「Society 5.0で実現する社会は、IoTで全ての人とモノがつながり、様々な知識や情報が共

有され、今までにない新たな価値を生み出すことで、これらの課題や困難を克服します。また、人工知能（AI）により、必要な情報が必要な時に提供されるようになり、ロボットや自動走行などの技術で、少子高齢化、地方の過疎化、貧富の格差などの課題が克服されます。社会の変革（イノベーション）を通じて、これまでの閉塞感を打破し、希望の持てる社会、世代を超えて互いに尊重し合あえる社会、一人ひとりが快適に活躍できる社会となります」。

　つぎは第4次産業革命ですが、これは「インダストリー4.0」とも呼ばれる設計や生産、物流、保守といった産業の営みをデジタル化し、新たな価値を創出することが主なコンセプトになっています。水力や蒸気機関による第1次産業革命、電力を用いた大量生産である第2次産業革命、1970年代初頭からの電子工学や情報技術を用いた一層のオートメーション化である第3次産業革命に続く、IT技術を駆使し、製造業を中心にさまざまな変革を促そうとする一種の概念です。

　内閣府のHPには「こうした技術革新により、①大量生産・画一的サービス提供から個々にカスタマイズされた生産・サービスの提供、②既に存在している資源・資産の効率的な活用、③AIやロボットによる、従来人間によって行われていた労働の補助・代替などが可能となる。企業などの生産者側からみれば、これまでの財・サービスの生産・提供の在り方が大きく変化し、生産の効率性が飛躍的に向上する可能性があるほか、消費者側

からみれば、既存の財・サービスを今までよりも低価格で好きな時に適量購入できるだけでなく、潜在的に欲していた新しい財・サービスをも享受できることが期待される」とあります。

バラ色のAIによる仮想空間は社会をどのように変えるのか
　内閣府のHPをみた後で総務省、経産省や文科省などの政府系のHPなどを検索してみると、大量の文章がみつかります。身近な事柄では、各種のAI家電、自動運転による無人走行バス、ドローン宅配、スマート農業、オンライン診療、会計クラウド、仮想空間などなどで、どれも夢があって嬉しくなります。AI、IoT、ビッグデータ、シェアリングエコノミーなどの各種イノベーションにより、ヒト、モノ、機械、技術、システム、企業や行政などが縦横無尽に結びついて、極端な自動化とかコネクティビティによる産業革新が進んでいくのだそうです。
　これらのうちAIによる仮想空間は興味が尽きませんよね。仮想空間では、誰もが自らが思い描く自分になりきれるのです。ばかばかしいかもしれないと考える方も少なくないかもしれませんが、オーケストラの指揮者にも、好きなスポーツのプロ級選手にも、あこがれの顔や身体にもあらゆるヒーローにもなれるのです。
　このような仮想空間をスティーブン・スピルバーグ監督の映画「レディ・プレイヤー1」では、映像としてスクリーンに映しだしてくれますし、ケヴィン・ケリー氏は「5,000日後の世界」

の中で「すべてが AI と接続された『ミラーワールド』が訪れる」と表現し、いずれ「拡張現実の世界」が出現すると書いているのです。

日本は後れを取っているが生産性向上はこれしかない
　実は、政府のいう「成長戦略」の中核が第 4 次産業革命で、この分野を伸ばすことにより 40 兆円程度の付加価値が作りだせるそうなのだと説明されているのです。ただ、アメリカやドイツあるいは中国と比べてみると、後塵を拝しており、今後さらに差をつけられそうだという注意喚起というか、悲鳴のような分析結果も示されています。
　ただし、一方で「供給面から第 4 次産業革命への影響を考えると、いくつかの経路を通じて生産性の向上に寄与することが期待される」というような表現が、各省庁の HP に堂々と掲載されているのです。
　AI 開発では世界中が熾烈な競争を繰り広げ経済的覇権取得にしのぎを削っており、競争に負けることになれば日本の将来は暗澹たるものであるということを国民に伝えたいのでしょう。
　皆様は実感できますか？

　　　　社会医療ニュース Vol.48　No.560　2022 年 3 月 15 日

9 私たちはAIに囲まれて生活しているのにこの現実に対応できず取り残されるのか

「現在、AIにできることの多様性は、ほとんどの人が想像または期待するものをはるかに超えています。AIによってある程度のリスクにさらされている仕事の数は、本当に驚異的なものです」

「私たちの教育制度、法的および規制の枠組み、社会制度、経済構造、そして企業は、すでに起こっていることに対して全く準備ができていません」

思わず膝を打つ。

ジェームス・スキナー監修「AIが書いたAIについての本」フローラル出版377ページに書いてある文章です。AIやDXについては、情報が氾濫ぎみです。あまりに表面的であったり、逆に超専門的で理解できないことばかりでしたので安心しました。

すでに毎日のようにAIを使用しているのに、そのことに気づいていないのです。インターネット上で気軽に本などを購入していますが、多数の人々の購入や閲覧の履歴に関する大量データを分析し、特定の人が今後購入するかもしれない商品を一方的に推奨してきます。ミュージックや映画も同様なのでしょう。突然メールで「この1カ月間あなたはここにいました」なんて

いう地図が示されたりします。全てが誰かに監視されているようにも思いますし、個人情報を多少犠牲にすれば快適な生活が楽しめるかもしれません。

　AIの今後の発展は驚異的で、社会の仕組みが追い付いていないという指摘をしっかり受け止める必要があります。教育や社会保障制度の仕組みを見直す必要があるとか、医療サービスや各種対人ケアサービスなどに大幅にAIが導入されることは、確実です。

I know it's true
It's all because of you
And if I make it through
It's all because of you

And now and then
If we must start again
Well, we will know for sure
That I will love you

　The Beatles –『Now And Then』の歌詞の一部です。2023年11月2日、ビートルズの「最後の新曲」がイギリスBBCのラジオでオンエアされ、同時にYouTube MusicやApple Musicなどでもリリースされました。

この曲は、ジョン・レノンが1977年にニューヨークの自宅でピアノの弾き語りで録音したものをAI採用の音声分離処理技術でジョンのボーカルだけを抽出することに成功し、新たに制作されたとのことです。感動です。
　この歌詞「すべては君のおかげです。私たちが再出発しても、何とかなるのも君のおかげだ」という意味だと思うのは、私だけでしょうか？もちろん、恋心の歌なのですが、君がAIだとしても不思議でないように思うのですが？

AIは諸刃の剣、発展は止まらず
　AIが作曲したり、イメージを伝えるだけで何十枚もイラストや絵画を作成できます。世界中の言語の翻訳を瞬時に行い、異言語で会話ができ、そのうち恋愛小説や歴史書を書くことも可能になります。AIに制御されてあらゆる交通手段が無人化され、陸や空ばかりか深海や宇宙空間への移動が可能になるかもしれません。
　労働集約型産業である医療サービスは、画像診断や生化学検査の技術革新が進み、病気の早期発見・早期診断が可能になり、診断にはAIが多用され、ロボット手術が中心となり、経過観察やあらゆる記録が自動化されます。誤診や見落としが減少し、患者安全がより確保できるようになり、看護業務は大幅に省力化できます。
　その一方で、犯罪や戦争にAIは多用されることになるのです。

無人のドローンや軍用機は、監視や偵察あるいは攻撃に使用され、いずれ人間が介入しなくてもターゲットを選択し自動攻撃する武器が登場するそうです。そのうち AI の指示するロボット同士が戦うとか、テロ組織が AI を利用してサイバー攻撃を仕掛けてくることも予想できます。

　著作権とか肖像権が侵害されることが多くなるのでしょう。言語や音楽、舞踏や美術あるいは建物などのあらゆる著作物の部分やパーツが大量にデータ蓄積され処理されるので、データとして取り入れられた著作物の全ての権利を確保することは、至難のワザということになるのだそうです。

　最先端の AI のリスクを共有する目的でイギリス政府主催の「AI 安全サミット」に 28 カ国と EU が参加しました。EU は AI のリスク管理について 2023 年内にも罰金刑を含んだ規制案の作成を続けていますが、まずは報告書をまとめることについて合意がなされたようです。

それでも AI は進歩し人々は AI にゆだねる

　想像の範囲でしかありませんが、AI は確実に進歩し、人々はますます AI に依存するようになると思います。すでにだれも止められない状態に陥っていると考える必要がありそうです。

　どのくらい賛同が得られるのかよくわかりませんが、AI の進歩を確実に人々の暮らしに取り入れ、多少の摩擦があっても AI 時代の社会システムに転換することが必要なのです。

もはや、私たちに AI に取り残されてもよいという選択はありませんので、何とか学習を重ねて使い込むしかないのです。

これは大事業になりますが、しっかり理解して、国のかたちを変革する一大事だと覚悟し、早急に国民的合意の形成を政治の責任として推進することが課題です。

社会医療ニュース Vol.49　No.580　2023 年 11 月 15 日

★新たな AI 戦略 2022
　内閣府科学技術・イノベーション推進事務局がまとめた『新たな AI 戦略 2022』では、次の点が強調されています。

● 「人間尊重」、「多様性」、「持続可能」の 3 つの理念を掲げ、Society 5.0 を実現し、SDGs に貢献。
● 3 つの理念の実装を念頭に、5 つの戦略目標（人材、産業競争力、技術体系、国際に加え、非日常への対処）を設定。
● 特に、AI 戦略 2022 においては、社会実装の充実に向けて新たな目標を設定して推進するとともに、パンデミックや大規模災害等の差し迫った危機への対処のための取組を具体化。

第3章

DXは、リーダーシップこそが最重要

1 介護 DXが遅れているのではないかと思うなら しっかり学習してトップダウンで着実に進める

　マイクロソフトの Copilot を利用しての壁打ちブレーンストーミングは楽しい。医療、看護、介護、教育そして栄養 DX と AI に関して何か基礎的な知識があるわけでもなく、氾濫する ICT 用語を理解するだけでも相当の時間がかかります。

　好奇心というか新しもの好きで、なんでも調べまわること自体は苦になりません。情報収集は、新聞、雑誌、本、Web サイト、生成 AI の ChatGPT4 などですが、実は誰かの話を聴いたり対話することが最も重要だと思います。DX や AI 関連書籍は、大きな書店に行けば沢山の種類があります。2023 年に約 31 種類、2024 年は 4 月までに 10 種類が出版されていると Copilot が答えてくれました。

　さらに「医療・介護 DX や AI に関する情報」を尋ねた結果「デジタル技術を活用して医療や介護の現場を変革する取り組みです。AI や IoT、ICT などのデジタル技術を導入することで、業務効率化や生産性向上を図ることが可能で、以下のようなメリットが期待されています」ということで、事務作業の自動化・利用者の遠隔見守り・ロボットによる身体介助・介護スタッフのストレス低減・感染症の予防・ 適切な介護サービスの提供・SDGs への貢献が列挙されています。

「AIの活用により、医療機器や検査装置の高度化が進んでおり、画像診断や病理、創薬などにAIが活用されています。また、医療情報ネットワークの構築により、医療情報の共有や効率的な診療が可能となっています。医療・介護DXやAIの導入により、より効率的で質の高い医療や介護が提供されることが期待されています」とのことです。

3カ月ごとに新情報対応に遅れが生じる

　書店に並ぶ書籍は、少なくとも2カ月以上前の情報に基づいています。正直いって1年前のDXやAI関連書籍は役立たないこともあります。新聞や専門雑誌は、情報伝達は早いのですが、報道から事実だけを拾い出し情報元を確認する必要があります。生成AIのChatGPT4だけでも各種ありますので、比較検討している専門雑誌に頼らざるをえません。各社とも無料のお試し版があり、2週間後や1カ月後から自動的に課金されるものまであります。特に、画像生成分野は飛躍的に進化しており、今後とも新しいAIがリリースされるはずです。

　医療や介護のDXやAIも日進月歩というか、どんなAIがでてくるのかとか、AI搭載のロボットは製品数も価格も変化するはずなので、どの時点で導入するのかという判断は、誰にとっても難しいと思います。

　ただし、DXやAIを単なるコストと考えていると、いつまでたっても決断できません。どこまでも先行投資だと考えないと、

一歩も進まない病院や介護保険事業者の経営者や管理者の多くの方々の話を聴いてきました。結論として、正答がない世界で試行錯誤を繰り返す場面なのではないでしょうか。決断するべきなのは、経営者だということだけはよく理解しているつもりですし、トップダウンが必要です。

学習する組織づくりとトップダウンで進める

　人手不足という、とてつもない難題があります。だからDXで業務効率化と生産性向上を進める必要があります。何しろ業務を効率化してスタッフのストレス低減、ハラスメントのない職場で、適切な介護サービスの提供による質の確保と向上というパーパスを達成したいのです。

　DXの課題には、知識・ノウハウの不足、予算不足、費用対効果の不明瞭さ・分かりにくさなどを指摘する意見が多数ありますが、そんなことをいってみたところで一歩も進まないのではないでしょうか。DXは業務変革ですので担当者が行うものではなく、経営者が本気にならないとどうにもなりません。ただ、経営者が学習せず騒ぎまわっているだけでは、事態は悪い方向に向かうのです。

　IT人材が確保できないので進まないというのは単なる言い訳です。少し時間はかかるかもしれませんが、まず経営者が「人手不足解消・ベースアップ確保のために職員全員で勉強しよう」と繰り返し宣言することが大事です。全国の大病院の多くにIT

人材はいますが、病院のマネジメントに精通したIT技術者は僅かで、使いこなせる経営者がいないと、単なる管理業務をこなしているだけでコストがかかるだけなのです。

　まず、経営トップが学習することです。そして、組織自体を学習する組織にしていくことなのです。つまらないことですが、ゲームやロボット好きはどこの組織にもいます。音声入力でCopilotを使い合ったり、録音・文字おこし・要約・議事録の作成を数分で試したり、各種言語の翻訳を日常化することで海外人材とコミュニケーションを深めたり、会議資料を生成AIで作成したり、給与・人事・労務関連業務や契約書関係のシステム化や、各種業務マニュアルのCloud化をはじめ、簡単に取り組めることはいくらでもあります。全員がスマホで対応できることは前提ですが、あわてることはありません。

　まず、基本方針を固め、いずれ全面的に導入できれば良いのですから、何しろ急がば回れのごとく、組織メンバー全員で取り組んでいくことを確認した上で情報収集と学習を続けましょう。

　今、大事なことは、しっかり学習してトップダウンで着実に進めるための職員全体のチームビルディングだと思います。実は、何度も失敗を体験しましたが、DXは職員全体で進めない限り成功しません。一度でも、小さな成功体験を組織で共有できれば、つぎのターゲットが明確になり、取り組んでみたいという意欲がわいてくるものです。

少し出遅れた感があるかもしれませんが、カエル飛びしてでもいつか追いつき・追い越せばいいだけです。できないことはできませんので、今、できることは何かということを考えて行動するのが経営者だと思います。
　DX や AI は、業務の省力化、プロセスの最適化、コミュニケーションツールの活用を進めますので、モニタリングやセンサリングは DX の得意分野ですし、イノベーションの成果は目に見えるものなのです。
　介護現場の DX に取り組む体力がないという雰囲気があることは、認めます。取り組みを始めない限り、体力があってもなくて結果は同じことです。できることはいくらでもあるのですから、自らの努力で学習し組織全体で対応して欲しいのです。

　　　　　社会医療ニュース Vol.50　No. 586　2024 年 4 月 15 日

★重くのしかかる費用負担
　何をするにもまずはカネのことが心配です。タダで出来ることはほとんどありませんので、必要なものは必要だと判断するしかありません。すべてのデバイスを中古品で対応している組織もあります。現在の経営状況では費用負担が重くのしかかります。

2 リーダーシップ論もマネジメント論も論文は山積ですが正答がない世界です

　突然、マネジメントやリーダーシップなどということを書きましたが、医療や介護分野のマネジメントに関する話をすると、このことに触れないわけにはいかないので必要最低限の著書や論文を定期的に読んでいます。あまり意識されることがないかもしれませんが、リーダーシップ論もマネジメント論も時代とともに変化し毎年多数の新刊本が書店に山積みされます。また、この両者を表題名に取り入れる論文も多量ですし、両者の違いを研究した論文も多数あります。

　ビジネスには、発想、発明、発展のマインドが求められますが、事業を継続するにはマネジメントやリーダーシップが是非とも必要なのです。マネジメントを徹底しないと事業は継続できませんし、必ずどこかのタイミングで事業自体を変革しなければならなくなりますのでリーダーシップが求められます。

　徹底的に鍛えあげられた組織では、特別なリーダーシップを発揮しなくても日常業務は円滑に機能します。例えば、必要ない業務手順の変更は業務に支障をきたしますので不要なリーダーシップの発揮が組織構成員のやる気を失わせる危険があります。今まで通りに指示された業務を完璧にこなしている人にとって、多くの場合業務手順の変更はストレスです。課長が交

代すると、前職のやり方を自らのやり方に固執して変更するだけでもブーイングの嵐が巻き起こるものです。

　他方、自らが所属するチームが組織的に行き詰まっているとか、これ以上成長できない、生産的話し合いも少ないし、良いアイデアがあるわけでもない場合は、職階に無関係にリーダーシップが求められます。いずれの場合もリーダーシップは、振り回すものではありませんし、見せつけるものでもなく、マネジメント同様、目に見えるわけではありません。

人材確保のマネジメント

　最近というか、2023年3月ごろから退職者、退職希望者が増えてきた社会福祉法人や医療法人が少なくないように思います。人材募集を必死で進めても確保できないぎりぎりの状況での退職者の増加は、深刻です。退職理由が出産、育児、介護、パートナーの転勤、高齢などということであれば諦めるしかありませんが、「より安定した大きな会社への転職」「やってみたかった職業」「給料が月4万円上がる」「各種の新しいスキルが身につく」「ここにいても先行き昇進が望めない」などの理由を明確にされると、残念というより人材定着化のマネジメント・システムの変更が必要ということになります。

　若者人口が急激に減り、国民全体の平均年齢が上昇し、そのうち高齢者の人口も減る日本で、労働集約型産業を支えるのは至難の業です。多分何も特徴も特色もなく労働力を集めたいと

いうマネジメントでは、労働市場の側から見捨てられます。それゆえ、何とかマネジメント自体を変革する必要があることに多くの人々が気づきだしているのだろうと思うのです。

社会福祉も看護も危険水域

　介護福祉士の不足が深刻ですが、介護福祉士養成校はどこも定員割れの状況が続いています。その上、社会福祉士養成校も不人気でこれまた定員割れしてきている大学が多数です。4年生大学の看護学科は、どうにか定員を確保していると考えることができますが、看護師養成専門学校は大苦戦している状況をどのように考えればよいのでしょうか。

　介護福祉士養成の短大等の関係者の話では、高等学校の進路指導の先生が「看護師さんの方がいいよ」みたいな傾向があること、看護大学は大人気で今や303校になったもののこれ以上増えれば定員割れする大学が続出すると予想できます。このことを医療や介護の分野の人々はどのように考えているのでしょうか。

　一番重要なのは平均的給与水準です。医療従事者では医師のみが給与水準が高いことがよく知られていますが、医師の給与をOECD各国と比較してみると平均以下で、その他の医療従事者の給与水準は国際水準に到達していません。介護福祉士は看護師に及ばない状況が改善されていません。では、職業の魅力、昇進、働きやすさ、生涯働けるのか、などはどうなのでしょうか。

このままではいずれ介護ばかりか医療の分野でも人材が確保できなくなるのは明らかでしょう。それゆえ、医療や介護の職場でDXを活用してのマネジメント体制を徹底的に変革しなくてはならないのではないかと考えられるのです。

正答のない世界への挑戦
　リーダーシップやマネジメントの議論は、永遠不滅のように感じられますが、正答のない世界で変革する必要があるのです。マネジメントを総合的に点検し、リーダーシップの徹底的な強化が必要なのは事実です。そして、多くの組織ではこの両者ともを改革する必要性に迫られているのではないでしょうか。
　第1に、働かせるのでも、働いてもらうという意識ではなく、みんなで働こうという姿勢を前面にだす必要があります。働く側も「給料がいい、仕事がらく」という判断だけではなく、働きやすく、人間関係も良い、仕事にやりがいがあって、とにかく楽しい、などといったことを評価してくれるはずです。
　第2に、職場環境の改善です。パワハラ、セクハラをはじめ妊産婦、育児や介護休暇取得者、障がい児・者と暮らす職員、日本国籍以外の職員に対するあらゆる差別が起きない環境整備が必要です。職場環境で改善が必要であれば早急に対応しましょう。学習環境の整備も必要です。本人が望めば、新たな資格取得のための物心両面の支援や通信制大学や専門職大学院での学習奨励、奨学資金の援助なども効果的です。

第３に、職階に関係なく有効なリーダーシップを高く評価し、マネジメントの改善についてはトップダウンではなく話し合いで決めることを原則に進めましょう。このようなことは、時間もかかりますし手間も必要ですが、トップダウン型のリーダーシップから分散型に変更し、厳格なマネジメントから働きやすく職員が業務を楽しめるようなものに変化させることが、必要だと思います。

社会医療ニュース Vol.49　No.574　2023年5月15日

★リーダーシップは育むものです
　リーダーシップに関する本は大量にありますし、研修コースも各種あります。実際に off-JT の一環としてセミナーに行ってもらったり、組織で階層別研修の企画・実践・評価を行う場合もあります。いずれの場合も「リーダーシップを育む」という姿勢が大切です。
　なぜならば、リーダーシップは人を出し抜くためのものでは決してありません。組織であれば外に向かって発揮されるものではなく、内部に向かって伝え、同意をえることによって組織内で育まれるものだからです。

3 リーダーシップの欠如かマネジメント問題なのかを見極めてリスタートする

　2023年5月18日新型コロナウイルス感染症COVID-19が感染症法上の区分で5類に移行されたことにより、それ以降、世の中が全面的に再始動し始めたように感じます。2019年の状況に戻りつつあるのか、それともまったく違った方向に進みだしたのかといえば、明らかに前とは違うように思います。前のマネジメント方式のままでは時代に合わず、これまでのやり方を変える必要があるのではないかと気づく場面が毎日のようにあるのです。

　通勤電車に乗ると、いつの間にか車内の広告が半減し、新聞を読んでいる人が珍しく、大半の人がスマホをみています。ミーティングはほとんどWebに変わり、テレワークが定着しました。かつてモーレツ社員などと呼ばれたタイプの人々が減り、主流はワーク・ライフ・バランス重視派が定着したようにみえます。それに伴い目標達成のためにがむしゃらに突き進む鬼のようなリーダーは時代遅れで、働き手の不足が深刻で「強くでればやめられてしまう」「やめられることで評価が下がる」「部下が何を考えているかわからない」ということを話す中間管理者が増えたように思います。

　表面的なことでしかありませんが、どうもこれまでのヒトや

組織のマネジメントが通用しなくなっているのではないかという気になります。産業界では株主との対話、ステークホルダーとのコミュニケーション、社内の人間関係の再構築、そして人々のリスキリングの重要性が叫ばれています。小中学校教員や医療従事者あるいは物流業界の長時間労働が問題視されていますが、それは、この分野のマネジメント・システム自体を変革しない限り達成できないのではないでしょうか。

どこに問題があるのか

　わたしは、何か大きな問題や課題に対応する必要がある場合、まず「これはリーダーシップの欠如なのか、マネジメント上の問題なのか」と考えることを習慣化しています。マネジメントの問題であれば、仕組みや枠組みを変更して、より良いシステムに転換することが必要です。他方、リーダーシップの欠如の場合は「リーダー」を変えることが検討されます。ただし、トップのリーダーシップの欠如が明らかで、何らかの事情でトップを変えられない状況ではトップに行動変容してもらうしか方法がありません。

　長年、正答のない「リーダーシップかマネジメントか」を考えてきた体験では、どちらか片方であれば解決法を考えることができても、両方である場合は、即効薬はなく長時間の話し合いや集団学習を重ねるという方法がみつからない場合が多かったと思います。

例えば、政治や行政の世界の議論をみていると「リーダーのリーダーシップの問題」としか考えられない場合や、明らかに「マネジメント・システム上の欠陥」である場合が少なくない事案が見受けられます。それにもかかわらず、マネジメントやリーダーシップのミスに関して、徹底的な責任追及が行われることが少ないのは、日本の政治風土というか全てを白日の下にさらすことはせず、なにか曖昧な世界が好まれているのかもしれません。

しかし、リーダーシップなのかマネジメントの問題なのかという分析は、かなり有効だと自負しています。それは報告・連絡・相談というホウレンソウを徹底し、高速でPDCAを回すだけのマネジメントでは解決できないリーダーシップの問題に何度も関わったからかもしれません。くどくなりますがリーダーシップの欠如をマネジメントの徹底では賄えませんし、マネジメントの欠陥をリーダーシップでは補えないからにほかなりません。

経営学上の大議論

リーダーシップなのかマネジメントなのかという議論は、世界的に著名な経営学者によって何度も議論されてきた命題でもあります。この命題は状況により解答が違うかもしれませんし、何しろ変数が多く何冊本を読んでも正答はないのだと思います。なぜかといえば、過去に起こったことについて分析を加えることはできても、将来起こるであろうことに対しては分析しよう

がないからです。もっと簡潔にいえば歴史に「もし」を語り始めることはフィクションでしかないからです。

　ただし、これからリスタートする日本で再検討しなければならないトップ・イシューがリーダーシップなのだということを強く感じます。リーダーシップ理論は各種ありますし、リーダー論なら山のようにあります。その全てで「自信がないリーダーシップ」ということを読んだ記憶がありません。

　たったひとつの真実は、リーダーシップは自信に裏打ちされているということではないかと思います。だとすれば、不安だとか自信がないといって「やらない、かかわらない、知らんぷりする、学習しない」という人はリーダーシップが発揮できない可能性が高いことになります。

　これに関してはマネジメントにも共通していると思います。マネジメントを成功させるには学習に積極的にかかわり、人の話を傾聴して肯定的に対処し、楽観的に進捗する必要があります。ですからリーダーシップのマネジメントもマネジメントのリーダーシップも必要なのです。

　それでも経営学の分野ではマネジメントとリーダーシップは個別と考えています。今、これまでのマネジメントを総合的に点検し、リーダーシップを徹底的に強化することが必要なのではないでしょうか。

4 組織はトップのインテグリティと　リーダーシップの再構築で蘇れ！

　感染拡大防止のための行動制限が解除されて以降、組織トップのインテグリティについて、病院や社会福祉施設の理事長などとリアルにじっくり話し合う機会が増えてきたことと関係があります。最長10年ぶりに直接話し合った仲間達は、一見何も変わりがないようにみえますが、言葉の端々にこの期間に起こった苦闘を何らかの方法で正確に伝えようと努力していることがわかります。

　「感染防止対策で緊張が続き組織をまとめるのが大変だった」、「感染者がでてクラスターが繰り返し起きて大変だった」、「職員の離職希望が相次ぎまいった」、「人がいなくなると残業時間が増え、シフトが厳しくなるので休職者も離職者もさらにでて、どうしようもなくなりそうになった」、「スタッフは頑張ってくれているのだが組織がまとめられていない」、「募集しても人がいない。リーダーを任せられる人材不足が深刻だ」、「これから先どうすれば良いのか考え込んでしまう」、「どうしたらこの先うまくやっていけるのか自信が揺らぎ、これから先なんとも不安でしょうがない」。

　久しぶりに会ったのに話合っていると愚痴とボヤキの言い合いみたいになりながら、みんな苦労しているということだけは

共有できているようにも思います。孤独で苦戦している組織トップの集まりなのですが、毎日本音を話せないので、ポツンと独り言を話しているようにも感じます。

　こんな体験から、社会も経済も深く傷ついてしまい、なんでもないコミュニュケーションが崩れ、通じなくなった個人や組織がさらに傷ついているように思えてならないのかもしれません。ただ、ほとんど組織のトップたちは、厳しい状況においても、何とか誠実に真摯に組織をまとめ、成果を達成するために考え、何とか組織を率いようと考えていることだけは伝わってくるのです。

　もう少し話を進めると、経営者や組織長としてどうすれば良いのかという話と、リーダーシップを再学習する必要がありそうだというとりあえずの結論に到達するのです。「結局、自らを深く知り、何事も謙虚に対応して、感謝を述べながらプロとしての強い意志を貫くしかないじゃないか」などといいつつ、頭では「リーダーとして成功する資質や条件なんて存在しないので、天の時・地の利・人の和だ」とつぶやいているのです。

リーダーシップ関連書籍をいくら読んでも正答はない
　リーダーシップに関する書籍は、世界中にあふれています。英雄や名将の伝記や物語、リーダーシップ・スタイルの研究や時代区分別分析、どのような書籍や研究があるか調査・再評価して紹介した著作など、山のような書籍と研究があります。マ

ネジメントを説明しようとするとリーダーシップとの関連を説明する必要があります。研究論文や関連書籍を毎年5冊以上は読み続けてきましたので、半世紀過ぎた時点で書架にあふれています。

　リーダーシップに関する書籍は、どれも楽しく新しい発見があります。ただし、最新のものが最先端かどうかは判断できませんし、リーダーシップを専門に研究されている方には申し訳ありませんが、これって科学なのか学問なのかさえ理解できていません。わが国でのリーダーシップ研究の第一人者の金井壽宏博士（神戸大学名誉教授）は、かつて次のように書き記しています。

　「リーダーシップ研究は膨大な数があり、幸か不幸か『組織行動論のなかで最も研究され、いまだ解明されることが少ない領域』というレッテルが貼られている（HBS「リーダーシップ：経営力の本質」33巻第2号、ダイヤモンド社、2008年2月、P42)」と。

　トップだからといって全て思い通りにはいきませんし、専制主義的態度ではヒトがついて行きません。だからといって全て人任せで、責任を他者に押し付けるような行動をとれば、部下は育たないばかりか、人は去っていきます。KKD（経験・勘・度胸）と揶揄されることが多いですが、どれもないのではトップは務まりませんよね。それなりの組織のそれなりのトップは、方法は別として「勉強」するしかないのです。だから、本を読

んでみる。しかし、それでリーダーシップが身につくかどうかは分かりません。

鍛錬し続けなければならないのはインテグリティといえる
　リーダーシップ・スタイルには、いろいろなバージョンがあるし、状況に応じて使い分けが肝心です。ただし、リーダーとして成功する資質や条件を特定できるわけではないですが、ある程度のリーダーシップはトレーニングやポジション・パワーによって獲得できます。正直、わたしの理解はこの程度しかありません。
　リーダーシップに関しては、誰でもがその存在を認め、少なくとも自分はどのようなことを望んでいるかという思いがあるのです。もっとはっきりいえば「あの人の下では働きたくない」、「理想の上司はイメージできる」、「最低限上司に求めるもの」ということについては、組織労働体験者ならだれでも明確な体験的基準があると思います。ではどのようなリーダーシップがお好みですか？
　やさしい人、いつもニコニコ挨拶してくれる人、人をバカにしない人、金払いが良い人、共感、謙虚、感謝、情熱、自覚、確信、決断力、責任感、適応力、正義感、強靱な精神力、そして真摯、誠実、正直、高潔などという答えが返ってきます。リーダーの資質や条件を特定できないことは確かですが、リーダーシップに求められる要素は沢山あるということです。

その究極の答えが、リーダーの人間性の中のインテグリティに集約可能で、成功した多くの経営者が自覚してきたのかもしれない、とわたしは思うのです。もしご賛同いただければ、リーダーは日々真摯さ・誠実さを意味するインテグリティを鍛錬するしかないと結論できます。
　個人や組織が傷ついていることについて、いろいろなことを考えてきましたが、組織のトップである人が深く傷つき思考停止状態になり、仕事に対する意欲をなくしてしまうことは、組織にとって最大の危機です。なんとしても組織を牽引する多くのリーダーたちが蘇りリーダーシップを発揮して欲しいと願います。

　　　　社会医療ニュース Vol.48　No.562　2022年5月15日

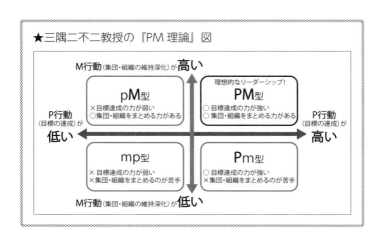

5 組織がとてつもなく困難な状況において
トップはインテグリティを醸成せよ‼

　アメリカの総合エネルギー会社エンロンは、デリバティブと呼ばれる金融商品から派生した取引などを駆使して革新的なビジネスモデルを確立し、一時は優良企業とみなされていましたが、2001年に巨額の粉飾決算やインサイダー取引が発覚し倒産。アメリカ経済・金融界を揺るがしたエンロン事件と呼ばれ、当時、世界のビック5のひとつであったアーサー・アンダーセン会計事務所が「公務執行妨害」として有罪判決を受け、解散に追い込まれました。エンロンのCEOジェフリー・スキリングは、2019年2月に釈放されるまで12年間服役したのです。

　この事件を契機にコーポレートガバナンスが重視されるようになり、2002年企業の不祥事に対する厳しい罰則を盛り込んだ企業改革法（SOX法）が導入されました。

　この法律は、上場企業に財務報告に係る内部統制の有効性を評価した「内部統制報告書」の作成や、公認会計士などによる内部統制監査を受けることなどを義務づけました。

　日本でも2006年6月に金融商品取引法が成立し、新たな内部統制のルールが規定されました。これが「J-SOX（日本版SOX法）」で、2008年度に開始する事業年度から適用されています。

「イノベーションのジレンマ」という経営理論を提唱し、2020年1月に死去したクレイトン・クリステンセン教授は、『イノベーション・オブ・ライフ』という著書の冒頭で、優秀な同級生であったスキリングが服役中「なにかが彼の人生を大きく狂わせたことに衝撃を受けた」と書いています。

　ハーバード・ビジネススクールの最終講義でクリステンセン教授は、①どうすれば成功するキャリアを歩めるだろう？、②どうすれば伴侶や家族、親類、親しい友人たちとの関係を、ゆるぎない幸せのよりどころにできるだろう？、③どうすれば誠実な人生を送り、犯罪者にならずにいられるだろう？とMBAコースの皆様に問いかけました。

　ピーター・ドラッガーが、マネジャーとして最も重要な要素はインテグリティ（真摯さ・誠実さ）だと強調していますが、それを説明することは難しく、つぎのような人はインテグリティをかねそなえていないと書いています。

　「他者の強みは認めず、弱みに付け込む」、「『何が正しいか』よりも『誰が正しいか』に着目する」、「人格より頭脳を評価する」、「有能な部下を恐れる」、「自らの仕事に高い規準を定めない」。

　これらはドラッガーが指摘した項目の一部です。

　マネジメント関連の本を読み進めていると「罪人にならない」ことと、このインテグリティをどのように理解して説明すればよいのかと考えあぐねます。

トップマネジメントにはインテグリティが不可欠

　パンデミックが続き、ウクライナでのプーチン戦争の影響で世界中がハイストレスの状況に陥って、ヒトの命も社会も経済も深く傷ついてしまいました。なんでもないコミュニケーションが崩れ、通じなくなってしまい個人や組織がさらに傷ついているように思えるので、それを再構築する必要があるように思います。その基本は、人々へのリスペクトにあるのではないかなどということを書いたりしゃべったりしています。その反面、どのような状況においても、何とか誠実に真摯に生きようとする人々がいます。

　現代社会では誰でもが「罪人」になる可能性があります。残念なことに、誠実に真摯に生きようと考えている人は罪を犯さないという確証はありません。聖職者、政治家、公務員犯罪などを考えてみれば、犯罪とその人の人生に対する姿勢を関連させて証明できません。ただし、「罪人にならないように生きる」という姿勢は、犯罪を引き起こす可能性を低くするかもしれないのです。少なくとも商業の世界では、「知りながら害をなす行為は行わない」とか「いくら利益になるとしても正しくないことはしない」といった道徳観が世界中で重視されてきた歴史があります。もちろん手段を問わず利益だけを追求する輩は、いつの時代にもいます。

　経済も社会も悪い方向に向かい、組織も人も傷ついている時代には真摯さや誠実さ、あるいは高潔などといった無形の姿勢

が求められるように思います。特に、あらゆる組織のトップマネジメントには、インテグリティが不可欠だと思えてならないのです。

インテグリティとコンプライアンス

　欧米企業や日本の企業の一部で無形の「インテグリティ」を重要視する傾向があります。冒頭のエンロン事件以後、企業の法令順守という意味でコンプライアンス重視ということが強調されてきました。どう考えても「コンプライアンス」という言葉には、上から目線というか、強制が伴うというニュアンスがあります。一方、インテグリティには、強権的なイメージはなく、信念とか心構えや道徳みたいな、あくまでも内発的動機が前提です。この意味では、コンプライアンスは外発的で懲罰的要素があるように思えてならないのです。

　粉飾決算やインサイダー取引から、贈収賄や各種ハラスメントまで企業や組織に対するコンプライアンスの要求水準は年々高くなっています。あらゆる組織のトップマネジメント層にはコンプライアンス重視とともに「正直さ・真摯さ・誠実さ・高潔さ」という姿勢が強く求められるようになってきているのではないでしょうか。

　　　　　社会医療ニュース Vol.48　No.562　2022 年 5 月 15 日

6 リーダーシップが非言語的要素で決定されるとすればどうするのか

　今、混沌としている世界は、まったく新しいタイプのリーダーを求めているのではないかと思うことがあります。それがどういうタイプなのかを正確に説明できませんが、これまで一時的でも世界中からリーダーと認められたことのある人でもないし、リーダーシップのスタイルを分類したどのタイプにもあてはまらないような気になってしまうのです。

　個人的体験では、学者、研究者、医者、経営者、病院や社会福祉施設の管理者と呼ばれる職業のリーダー達と長年時を過ごしてきたため、モノの見方が歪んでしまっているかもしれないとか、これらの分野のヒトは全体からみれば少数派なので、このような人々との交流からえられた体験値は一般化できないのではないかと考え続けてきました。

　ただし、大学とか研究機関、医療や福祉の現場では、どう考えてもトップリーダーの責任は重く、その優劣が成果を左右していることが明らかになるという体験を何度もしました。もちろん、それは上層部に限らず中間管理層でも同じことです。そんなことから長年、リーダーやリーダーシップに関する研究について関心を抱いてきました。

　ドイツ・ベルリン大学でゲシュタルト心理学者として注目さ

れ、アメリカ移住後はグループダイナミックスなどの領域で驚異的な量・質の研究を推進したクルト・レヴィン（1890-1947）という社会心理学者の巨星がいました。

　レヴィンは、リーダーシップを「専制型リーダーシップ」、「民主型リーダーシップ」、「放任型リーダーシップ」の３つに分類しています。この分類は、リーダーシップの専門書には必ず引用されます。

　リーダーシップ論には、各種タイプがあるものの、最大公約数的に目的をまとめてみると「目標を達成する」、「組織内の結束を高める」、「個人の成長を促す」ことについて各種の主張を展開しているように思います。

　1966年に三隅二不二先生は、「PM理論」を公表し「目標達成機能：パフォーマンス」と「集団維持機能：メインテナンス」のどちらを重視するかによって、リーダーシップのタイプが違うことを主張しました。古典的な分析のひとつとして、今でもアメリカの多くのリーダーシップ論の教科書に必ず掲載されています。

いくら本を読んでもリーダーは育たない

　実は、年に３ないし４回ぐらい「リーダーシップ論」の講義を引き受けてきたのですが、諸説を紹介することしかできず「自らのリーダーシップを考えて実践してください」としか伝えられません。こんなことを20年間も繰り返して申し訳ないよう

にも思いますが、「こうすれば良い」などという非科学的なことは主張できません。

医療や福祉の現場の人々には、ロバート・K・グリーンリーフの「サーバントリーダーシップ」（金井壽宏監訳・金井真弓訳）が人気があります。上司は部下に対してサーバント（奉仕する人）やコーチの役割を担うという考え方です。何しろ、トップダウンのリーダーシップは明らかに限界があり、統制型のマネジメント手法だけでは部下が生き生きと働けない職場では、とても有効だと思います。

この他2020年以降、リーダーシップに関する良書が数多く出版されていますが、特徴的なのが、リーダーシップの重要性が改めて強調されるようになっているように思えることです。これは明らかにパンデミックの影響やプーチン戦争の恐怖と関連しているとしか考えられません。

とても残念なのですが武力行使や伝染病の驚異の前では、読書はそれほど力がありません。

強いリーダーは専制的、民主的リーダーは弱い？

個人的意見ですが、ロシアや中国の指導者は専制的で強く、民主的政治を守ろうとする国のリーダーが弱そうにみえてしまいます。何の根拠もないですが、ドイツのメルケル元首相、トランプ前大統領は強そうにみえてしまうのです。こんなことは、リーダーシップ論の教科書には、どこにも書いてありません。

政治の世界でも、UCLA校のアルバート・メラビアンの実験結果が独り歩きして「人は見た目9割」という反応が起こるのでしょうか。メラビアンの法則は「情報が相手に与える影響は、言語7％、聴覚38％、視覚55％だった」と示しただけです。政治の世界でも「言った言わない論争」がありますが、少なくとも「言った内容は7％に過ぎず、その他が9割あるかもしれない」程度の話にすぎません。

　仮にそうだとすると、私たちは見た目だけで投票して、見た目が世論を形成していることになります。見た目を完全に否定することはできませんが、見た目はイメージにすぎず、そのイメージ戦略が功を奏せば、選挙結果を左右してしまう。これがリアルだとすると、なんとなく割り切れない思いが残ります。

　逆に考えてみると、政治の世界では「何をいうかよりも、どのようなイメージなのかの方が重視される」わけですから、政治家は常にイメージ戦術をたて、それを実行すればいいわけなのでしょう。

　恐ろしい話ですが、「リーダーシップが非言語的要素で決定される」とすれば、どのようにリーダーシップを受け取ったり、発揮するのかを再考し、見た目だけで判断する危険を知ることも必要です。

社会医療ニュース Vol.49　No. 577　2023年8月15日

7 カリスマ的専制的統制的で統括型の リーダーもマネジメントも通用しない

　「沈黙は金、雄弁は銀」とは、19世紀のイギリスのトーマス・カーライルの『衣装哲学』の中の一文で「説得力のある言葉を持つことは大事だが、黙るべき時を知るのはもっと大事である」というのが根拠らしいのです。

　この言葉は、時代とともに意味が変わりますが、「黙っていた方が気持ちは伝わりやすい」と、「余計なことを言わない方がいい」という意味に大別できそうです。ただし、最近は後者の意味が強く、「黙っていることが得で、余計なことは言わない」という意味でしか使われていないように思います。過去には、「黙っているのが吉」、「言わぬが花」、「口は災いのもと」などという感じで受け取られていましたが、最近は「言うのも面倒だし、なにも変わらないので、言うだけ損」というコミュニケーション上の問題が生じているように思うのです。

　成人になるまでに海外で暮らしていた人、あるいは暮らしたことのある人は、しっかりした意見を言うことが日本国内で育った人より多いのではないか、と思います。別の言葉でいうと「自己主張が強い」、「意見を言わなければ理解されない」、「自分の考え方を修正しない」というネガティブなとらえ方もありますが、「何事にも自分の意見を持っている」、「アイデンティティー

が確立している」という評価もあります。

　「黙っているほうが得」なのかどうかは分かりませんが、「言うだけ損」と思い込んでいる人が少なくないように思います。部下を持つ上司も「なんだかんだと言ってくる部下より、黙ってしっかり仕事してくれれば良い」と考えはじめると、相対的に会話の量と質が低下するように感じます。Webで会議をしていると、明らかに会議時間が短縮できますし、情報伝達はできても、どの程度「言うだけ損」と思い込んでいるのかが、よくわからないことがあります。

　なるべく完結明快に発言することは大切ですが、「言うだけ損」と思い込んでいる人が参加している場合は、会議以前に「発言しないことを決定している」ので「合意できたかどうか確認しながら話を進める」必要があり、手間取りますし、面倒です。最も多いトラブルは「聞いていない」「賛成した訳ではない」「意見としては聞いたが明確に決定されていない」というたぐいのことです。

リーダーの資質の低下問題は従来型マネジメントの限界

　このようなことを強く感じるのは、最近、各種の職場で「コミュニケーションがうまくないのではないか」とか「従来のマネジメント方式では適応に限界があるのではないか」、あるいは「この人のリーダーシップでは無理なのではないか」といった場面に遭遇する機会が増えたのが理由かもしれません。あるいは、

物事をポジティブに受け取れなくなりつつあるのかと自問自答することが多くなっただけのことに過ぎないのではないか、とも思います。

　「上司の言うことが絶対だ」なんてことはありませんが、日本の組織は「上司に従順な部下」という文化があるのかもしれません。ただ、これを逆手にとって「部下は言われたとおりにやればよい」と勘違いするのは傲慢です。中には「与えられた目標を機械的に達成すればよい」とか「トラブルを起こさず順調ならよい」「もし問題が発生しても自分で処理し、上にあげなければよい」などと勘違いしている部下もいます。

　病院や福祉施設、大学や介護会社のトップマネジメント層の皆様は、まず「人がいないのが問題」とおっしゃいますが、どんなに必死に募集しても人が応募してくれないという現状から「従来と同様な方式ではどうにもならない」と問題点を明確にしている場合では、対応が異なります。

　あるいは「組織内で人が育っていない」とか「部門を任せられる中間管理者が確保できない」、はたまた「経営を任せる後継者がいない」などという深刻な課題を抱えている組織も多数あります。

　まず、「人がいない」はどの分野でもそうです。人口減、生産年齢人口の減少、求人倍率の上昇、給与水準の高騰は、今後も継続することを覚悟しなくてはなりませんし、従来型の採用とか募集システムでは、もはや誰も応募してきません。はっきり

いって事業の成否は人を集められるかどうかにかかっているのです。

　つぎに、これまで組織が長年進めてきた従来型マネジメントでは、時代に対応できず、明らかに限界に達しているのではないかという観点から、募集システムから退職規定までの人的資本システムの総点検、給与水準、産休・育休・介護休暇などのシステムの徹底的見直しが必要です。これまで、注意喚起しているダイバーシティ・インクルージョン・マネジメントの明確化などは不可欠なのではないかと、わたしは思います。

　その上で、リーダーの資質の低下に対応することが必要です。外部から優秀なリーダーを採用したいという衝動はよく理解できます。しかし、その前に働いてくれる人々に、組織が働きやすいかどうかを、組織内部の人々と話し合わなくてはならないのではないでしょうか。

自組織が時代遅れなのかスタイル自体は間違いか

　従来の、軍隊や官僚組織を原型とするカリスマ的専制的統制的で統括型の組織、マネジメントやこのような組織を前提としたリーダー育成とか、これまでのリーダーシップのタイプ自体が時代遅れで、これまでのマネジメントやリーダーシップが通用しなくなりつつあるのだという認識を共有しないと、何も問題は解決できないのではないかと、わたしは思うのです。パンデミックの対応で、組織がガタガタになってしまったのでない

かという、心配は、全国各地を訪れてみて確認することができます。同様なことを感じている全国の経営層は沢山いますが、まったくノー天気で従来型を押し進めればいいのだとしか考えていない人にもお会いします。

　どうしても生き残らなければならないと考えれば、時代に合わせて、自分も組織もシステムも変えなければならないのです。契機は人不足ですが、働き方改革やDXなども期待できます。

　自己変革が必要なのだといいたいのです。

　　　　　社会医療ニュース Vol.49　No.577　2023年8月15日

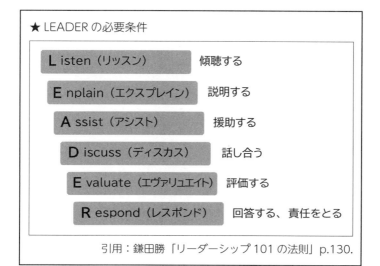

8 不安定で不確実で複雑で曖昧な社会だからこそ明確なビジョンが必要だ

　アフガニスタン戦争で国際治安支援部隊（ISAF）司令官およびアフガン駐留軍司令官を務めたスタンリー・アレン・マクリスタルという米陸軍退役大将がいます。特殊部隊出身者で超ストイック、徴兵制復活論者です。ブラッド・ピットが主演した2017年の映画「ウォー・マシーン」のモデルとして知られています。

　オバマとバイデン両氏を揶揄したとして2010年に解任され、その後、トランプ氏を「不道徳者だ」と批判したことで、彼から口汚く逆襲されたことがCNNのニュースで取り上げられるなど政治音痴な愚直な軍人だと思われています。2014年の「不安定で不確実で複雑で曖昧な社会でわれわれに何を要請するか」と題する講演で、世界で生き残るためには「予測できるという傲慢さを捨てる」、「組織的な適合性を高める」、「共有化された意識と権限委譲による実行」が不可欠だと主張しました。その上で適応力を高めるには「ビジョンの設定」「動機づけと育成」そして「決断すること」という3つの役割を担い、それぞれが必要なスキルを高めなければならないと述べたのです。

　この講演内容は「米陸軍遺産教育センター」に登録されていますし、アルカイダやタリバンとの戦いの体験から軍事関係者

にはよく知られているらしいのです。COVID-19のパンデミックが宣言されてから、この講演内容が再評価され政治や外交、経済や経営の分野でも再注目されたり、引用されたりしています。

　ものごとの状況が把握できている場合もありますが、全く把握できないこともあります。世界の感染状況について把握できているのかできていないのかわからないこともあります。

　地球温暖化も線状降水帯も予測が難しく、専制主義とか権威主義陣営対民主主義陣営の対立がどのようになるか予測できるわけではありません。

　もう一方で、行動の結果を予測できる場合も予測できない場合もあります。ワクチンの効果はある程度分析されていますが、打てばいつまで効果があるのかはわかりません。化石燃料を使用しなくなれば温暖化は食い止められるかもしれませんが、そのことが経済とか社会とか人々の暮らしにどのような影響を与えるのかはわかりません。ましてや、これから先の世界がどのような結果になるのかは皆目見当がつきませんよね。

リスクは予測できるがクライシスは予測不能

　最近、リスクマネジメントが重要だという主張が多いように思いますが、このリスクというのは「予測可能」なものがほとんどで、一生で一度あるかどうかの危機は軽視されています。パンデミックは予想されていたことですが、実際に起こってし

まった現実の対応に成功した国はほとんどありません。これに対してクライシスは想定外で、警告はされていたとしても「予測不可能」だと考えられています。飛行機は墜落するリスクがありますが、実際に墜落すればクライシスです。

この両者の間には、予測可能か不可能かという区別のほかに、どう考えても確率の差があるように思います。10年に1回か、10％以上起こる可能性があれば完全にリスクなのでしょうが、90年に1度とか、1％以下ということになると、もはやリスクだと認識されていないことになります。ヒトは誰でもいつか死にますので死自体はリスクではありませんが、傷病は明らかにリスクなのです。

予測できるという傲慢さがないと計画は立たない

「予測できるという傲慢さを捨てる」という主張は理解できますが、予測できないことを前提に物事を進め生きていくのは相当の覚悟が必要です。にもかかわらず予定通りに事が進まないことに苛立ちを感じ、我慢できないでパニックを引き寄せることもあります。ある程度予想できるから計画でき実行できるわけです。もし、予想できないのであれば散漫な計画になるか計画立案自体が困難となってしまいます。何が起こるのか全く想像できないとしても、日々の暮らしは続きますし経済活動が停止することにはなりません。

リスクを前提に組織の計画を立案する場合、多くの予測に基

づいていますが、これから先は予測できないことでも計画しておかなければならない時代になるのではないでしょうか。経営計画などの場合、単価と数量が基本になりますが、そのどちらも4年先のことを予測できない時代に突入したと言い換えても同じことです。こうなると単価も数量も上限と下限の幅を広く設定することになりますが、投資とか回収とかを考えると事業自体がリスクだと考えざるをえないのかもしれません。

　計画を立て実行することは当然であり、結果は多少のバリアンスが生じても概ね予想した範囲に落ち着くのが当たり前だという感覚で生きているということに改めて気づくことが、わたしにはあります。

予測できなくても計画しビジョンを設定する時代

　不確実な計画を立案するより明確なビジョンを設定することが先で、有事に対応できる組織づくりに注力し、決断できるリーダーシップが求められるのではないのか、というのがとりあえずの結論です。思いつくのは容易ですが、それを実現するのは相当の努力と協力が必要です。現状では、確実な予測ができなくても、ビジョンを描けるキーパーソンが求められる時代なのではないでしょうか？

9 不安定で不確実で複雑で曖昧な未来に果敢に挑戦することが求められている

　マクリスタルが講演で指摘した「不安定で不確実で複雑で曖昧な社会」は米軍の造語でVolatile, Uncertain, Complex, Ambiguousという形容詞の頭文字をとってVUCAと呼ばれていました。2016年の世界経済フォーラム（ダボス会議）でVUCAワールドとして使われたことで一躍有名になりましたが、名詞化され変動性、不確実性、複雑性、曖昧性と表記されることも多くなりました。

　流行に敏感なビジネス界では、講演やセミナー、リポートや書籍で使用されています。ビジネス界のトレンドとして、元米空軍ボイド大佐（1927-1997）より提唱された、意思決定と行動に関する軍事戦略理論のOODA LOOPも人気があります。これは、トップガンの世界の意思決定方法であり、世界中の戦略・戦術書を読破し、孫子の兵法、宮本武蔵の五輪書からもヒントをえており、彼自身の調査は旧ドイツ軍将兵に対するインタビューから、ドイツの電撃戦の研究を進めたそうです。

　OODA LOOPに関しては1989年に、アメリカの有名な経営コンサルタント、トム・ピーターズによってビジネス界に紹介されたそうです。彼はボイドの主張する機動性こそが「競争優位」の源泉だと評価しています。詳しくは、以下を参

照してください。チェット・リチャーズ、原田勉訳「OODA LOOP(ウーダループ)次世代の最強組織に進化する意思決定スキル」(東洋経済新報社、2019年)。

　なお、VUCAやOODA LOOPについては情報が氾濫気味ですが、独断と偏見で、つぎの3冊を順番に読み進めると、最近の企業経営の課題が理解できるのではないかと思います。

・田中靖浩「米軍式 人を動かすマネジメント」(日本経済新聞社、2016年)。
・入江仁之「すぐ決まる組織の作り方」(フォレスト出版、2018年)。
・平鍋賢治、野中郁次郎、及部敬雄「アジャイル開発とスクラム第2版」(翔泳社、2021年)。

　以上は、最近のビジネス界の関心がどのようなものなのかを知る手掛かりになるし、VUCA時代にどうすればいいのかという問題意識や対応のヒントが提示されています。

なぜ今ビジネス界の議論を注視しようとしているのか

　最近ビジネス界で話題になっているVUCAやOODA LOOPについて訳の分からないことを書いているのかというと、クラスター発生に日々脅えながら懸命に医療や介護経営に挑戦している全国の仲間が必要性を認めて学習しているからです。

　いくら情報を集めて考えても、結局、不安定で不確実で複雑で曖昧な未来なのだろうという悲観的気分にしか到達できない

現状をどうにか打開したい、という思いから本を読んだり考えたりしていますが、しょせん「一寸先は闇」のように思えてなりません。ただ、転んでもただでは起きない根性がどこかにあって、「災い転じて福となすぞ」と意気込んでみているだけのことに過ぎないのでは、役に立ちませんね。

　ビジネスの世界は、それこそ「生き馬の目を抜く」がごとく、リアルと俊敏性が強調され、政治や行政より結果がわかりやすいといえます。医療や介護をビジネスという視座から眺めると優勝劣敗の世界が見え隠れしますが、官製市場で規制産業とみなされていますので政治や行政に守られている部分もあります。その分、非情なビジネス界からみれば「ぬるま湯に浸っている」、「護送船団方式」と揶揄されることもあるのでしょう。

　今、日本の政治や行政は明確なビジョンを示すことができていないと思います。予想できなくても明確なビジョンを示さず放置すると急激に求心力を失い、社会や世論はバラバラになり、収拾がつかなくなります。わが国も、そうならざるをえない状況に押し込まれる可能性はあります。この意味では「様子見」していないで早急にビジョン策定のための作業を広範に進める時期なのです。

　今、ビジネス界の動向を注視することが必要なのです。

医療や介護経営の世界で単価や数量の変化が不明
　2021年5月以降のWebでの会議やメールなどのやり取り

で「ついに利用者が減少しだした」、「通所の利用者さんが戻ってこない」、「人間ドックは予約が埋まらない」、「外来患者さんが20％以上減ってしまったままだ」、「病床利用率が70％を割った」、「新しい取り組みをしない限りもう患者さんは戻ってこないだろう」、「せっかく策定した経営計画は7月以降見直さざるをえない」などなど悲痛な声を聴くことが多くなりました。

　ちなみに病院報告 (2021年3月分概数) では、病院の1日平均入院患者数を2年前の同月と比較すると、総数90,772人減で約7％強の減少率で、一般病床は約8％強の減少となっています。この比率をどう読み解くかは自由ですが、医療法人立病院の年間経常利益率は2％程度ですし介護保険施設の収支差額は3％以下しかありません。年間で6％以上利用者が減少すれば、病院も介護保険施設も大半が経常損失を計上せざるをえなくなるのです。

　介護報酬は改定されましたが、減少した利用者が戻ってくるわけでないので経営状況は悪化しています。2022年4月には診療報酬改定が行われましたが、大幅に引き上げるべきだという運動は誰の目にも低調です。これから先の病院経営や介護経営は単価も数量も予測できないのに、何もしないで呆然と立ちすくんでいるようにみえてしまいます。

　人口減少化における超高齢社会の医療や介護へのニーズは堅調なはずですが、利用者が増加しないのは利用人数が減少したか利用回数が減少したか、それとも両方とも減少したかです。

病床利用率も介護保険施設の利用率も低下しているのは、新規入院入所者の明らかな減少です。

　病床利用率についてのデータは僅かです。2021年3月末の一般病床の病床利用率は69.1％にすぎません。多分今後も70％を超えないかもしれないと思います。

　こうなると将来の経営を根本的に考え直し、新たなビジョンを掲げニーズが減少しないであろう新しい分野へのシフトを検討しなければならないのでしょう。

　　　　　社会医療ニュース Vol.47　No.552　2021年7月15日

★病院の一般病床の月末病床利用率

　2023年3月末の病床利用率は67.0％、4月65.1％、5月69.4％、6月69.0％、7月末に71.4％を記録し8月72.4％、9月67.5％、10月71.2％、11月73.0％、12月末59.3％でした。
2024年1月末が75.8％、2月74.5％、3月69.2％、4月70.1％、5月末70.5％という厚生労働省の『病院報告』の結果でした。

　ただし、2023年5月末の病院一般病床は885,533床でしたが、2024年5月末までは880,763床であり、4,770床、0.5％減でした。残念ながら、一年中70％以上というわけではありません。つまり、一般病床の病床利用率が80％台になることはない、と考えざるをえません。

第4章

介護・医療のリープ・フロッギング戦略

1 確実に一般診療所減少時代が到来する
その場合に最優先で医療過疎地対策を

　統計的な話ですが、2018年と2019年9月の一般診療所数を比較すると527施設増加しています。その後の1年間は414施設、さらにその1年後は1,416施設、そして2021年9月からの1年間で728施設増加しました。日本の病院数は年々減少しているにもかかわらず診療所は毎年微増しています。これに伴い診療所で働く医師も施設数増加以上に増えています。

　厚生労働省は2年毎に12月末日時点の「医師・歯科医師・薬剤師統計」を公表しています。

　2022年末の数字によると医師数は343,275人、うち女性が23.6％、病院の従事者が約64.1％、診療所が約31.3％、人口10万対262.1人、平均年齢は50.3歳だそうです。診療所で従事する医師107,348人のうち女性は21.9％、平均年齢は60.4歳です。

　診療所医師の年齢階層別構成割合をみると39歳以下は僅か5.8％で、77.9％が50歳以上で70歳以上は23.0％となり、男女比では年齢階層が高ければ高いほど男性の比率が高くなっています。日本の地域で医療を支えるために診療所の医師は大切な役割を担い、貢献していますが、その中心は60歳代の男性医師達なのです。ただし、これからも診療所で従事する70

歳以上の医師は増加し、女性の比率も高くなる傾向が続きますが、診療所数を月別に観察してみると減少する月もあり、今後は正確に予測できません。

　廃止される一般診療所数は年によって差がありますが500施設以上あるかもしれませんし、新設されるのはそれ以上あったので、差し引き増加してきました。数字はあるし、地方厚生局別に経年集計すれば正確な数値が理解できるはずなのですが、正直いって一般診療所の人口規模別自治体別年齢別性別の動向を正確に把握できていません。ただ、都道府県別に観察すると一般診療所が増加しているのは大都市部で、すでに一般診療所が減少し、人口稠密の地区にばかり新設されている傾向があることはわかります。もう少し精査してみますが、人口減少地域では近い将来、人口規模が少ない自治体にある一般診療所が急減し、一般診療所数が全国的にみても減少する時代になるのではないかと考えています。

医療過疎地での医師確保、それは診療所の継続性だ

　指定都市および中核市人口の10万対男女別医療施設従事者医師数をみると、吹田市が約589人、高槻市431人、熊本市428人の順となり、低い順では豊田市約132人、いわき市136人、川口市148人となります。最低と最高は約4倍の差があります。吹田市には大阪大学医学部附属病院をはじめ病床数の多い病院が数多くあります。実は川口市にも数多くの病院

がありますが、死亡数と出生数の差による「自然増加」と、人口流入と流出の差による「社会増加」が急激で過去30年間で4割近い人口増加がありました。そのため、人口10万人対では低い数値になるのだと考えられます。

　人口10万対が100人台ということは、1万人で1人か2人の医師ということになります。2022年10月1日現在の日本の1,741市区町村で人口3万人以上は44％にすぎません。人口1万人以下547カ所、5千人以下306カ所という結果です。人口1万人以下の市もありますし、1,000人ギリギリの町もあります。無医村というと医師がいない村だけではありませんし、人口10万に換算すると200人以上になる村や町もあるということを理解する必要があると思います。

　医療過疎地では、診療所はあるものの医師はその町村には皆無で、週1ないし2日開かれる場合や週1回の巡回診療があるという場合もあります。医師の定住が困難な地域でオンライン診療や訪問診療・各種訪問医療サービスあるいは緊急時の患者移送体制が普及されれば多少住民の診療不安が軽減されるかもしれません。

　当面の課題は医療過疎地での診療所の継続性を確保することだという意見もあります。医療過疎地で高齢の医師が1人で開業し診療を継続している現状では、その医師に何かあれば後継者難で無医地区になる恐れが常にあるのです。

医療過疎地で働く医師を全面支援する政策が必要

　日本の医療は、医療過疎地で働きたいと考えるまともな医師を全面的に応援していませんし、医療現場を調査することなく机上で医療費抑制策をこねくり回しても、大きな成果はえられないのではないかと、わたしは思います。中途半端な改革をすると、ギリギリの状態でも地域医療を確保してきた独自のシステムを崩壊させ、決して再生できなくしてしまうことがあります。これまでに診療側が必死で対策をしつつ努力を重ねた結果、どうにか構築されてきた医療費保障システムや地域医療自体を持続できなくなる恐れが生じるリスクがあったこともあります。医療過疎地で高齢の医師が１人で開業し診療を継続して現場を現地・現実・現在で把握してみれば、その医師に何かあればどうなるのかを想像することは簡単です。

　無医村とか医療過疎地対策はこれまで多大の努力が積み重ねられてきましたし今後も制度政策として展開されます。しかし、政策目的の明確化、ICT 技術などの最大活用化、何よりも過疎地で働こうとする医師に対する心理・社会的な支援を前面にださないと難しいのではないでしょうか。

　全国の医師という職業人の１人ひとりの考え方も行動も多様ですが、職業選択に当たり単純に「人のやくに立ちたい」と考えた人が多数だと思いますし、どこかの時点で医師不足の地域で貢献してみたいと考えることも少なくないのではないかとも思います。もちろん、生まれ育った場所で働きたいとか、いず

れ海外で勉強し活動したいと考える人もいるでしょう。これって普通ですよね。ただ「人の命を自らの力で助けたい」と考えるかどうかで分岐点があるかもしれません。前に書いたように「医療過疎地で働きたい」と考えている医師は、少数派ではないように思えてなりません。

　このような医師の選択肢を身近に多数用意してある環境が必要なのではないかと思いますし、60歳過ぎからでも「医療過疎地で働きたい」と考える医師の知人もいます。こんなことを起点あるいは前提とした心が通じる医療政策とか医療システムが欲しいのです。

　　　　　社会医療ニュース Vol.49　No.570　2023年1月15日

★一般診療所の施設数の推移
　2022年4月末の一般診療所は、104,775施設で、5月末が104,888施設でした。そして、12月末に105,345施設と減少しました。その後、4カ月は減少、2023年3月末に増加しましたが、翌月末には減少、2023年5月末から増加傾向が続きましたが、同年12月に減少に転じ、それ以降4月まで続きました。そして2024年5月末には、105,995施設となりました。
　このように、5月以降は増加するものの、12月末から4月末までは減少傾向が続いています。

2 共通言語として共有化されていないまま言葉だけが飛び交う生産性議論のゆくえ

　厚労省老健局が発注元の「介護サービス事業における生産性ガイドライン」に関する研究班に一部分だけ参加したことがあります。現在でも「介護サービスの質の向上に向けた業務改善の手引き」が活用されています。この手引きではつぎのように説明されています。

- 一般的に生産性向上は、従業員及び労働時間当たり付加価値額を設備投資や労働の効率化等によって向上させるとされています。
- 生産性は、Output（成果）／ Input（単価投入量）の分数で表しますが、実際の生産性を向上させるためには、「Input」と「Output」の間にある「Process」に着目して取り組む重要性が指摘されています。

　介護サービスの質のために介護業務のムリ、ムダ、ムラを省き、ICTなどを活用して介護マネジメントを徹底させようという趣旨はごもっともで当然視していたのですが、介護現場からの反応は「なんだかな」というものでした。生産性の向上といわれ「介護は生産性が低いのか？」、「介護分野で生産性向上させれば質が上がるの」、「生産性の指標にはどんなものがあるの」、「突然、生産性といわれても理解できない」という声を直接聞く日々

が続いたのです。

　2017年9月の衆議院解散にあたり当時の安倍総理が「生産性革命」と言葉を発しましたが、同年の「骨太の方針」に「人材育成と生産性向上」が強調されており、それ以降、官邸を中心に「生産性向上」の嵐が吹きだしたのです。多分「介護」もその煽りを受けたのだと想像しますが、「医療」には無関係だろうという雰囲気だったように思います。

　しかし、官邸は効率的な働き方を奨励し、労働法制で統制してでも強制的に実現することによって「働き方改革」を進め、結果として生産性向上政策を展開しようと意図したのだと考えられます。生産性向上議論は対岸の火事だった医療界は、医師の残業規制による労働時間短縮という現実に対面して、慌てふためいたことは記憶に新しいですよね。

　ご存じかも知れませんが「生産性とは、生産諸要素の有効利用の度合いである」（ヨーロッパ生産性本部の定義）ということです。労働の視点からであれば労働の生産性、資本の視点からであれば資本の生産性となり、投入した生産要素すべてに対して産出がどれくらい生み出されたかを示す指標としては「全要素生産性」などがあります。良く取り上げられるのは「労働生産性」で、付加価値額を労働者数で除したものを「1人当たり労働生産性」、労働者×時間で除したものを「1時間当たり労働生産性」といいます。

　付加価値／労働時間が「労働生産性」だと理解した上で、で

は「付加価値とはなにか」ですが、それは「労働によって付け足された価値を数量化したもの」とされています。問題は「付加価値」はどのように求めるのかです。

　付加価値は、売り上げから原材料費を差し引いたものという「除去法」と、人件費や利益などを足して計算する「加算法」があります。加算法の場合、つぎが対象です。①人件費、②支払利息等金融費用、③賃借料、④租税公課、⑤経常利益、そして⑥減価償却額の合計が「付加価値額」です。この足し算で⑥の減価償却費を除いた場合「純付加価値」と呼ぶ場合があります。

付加価値／労働時間の計算は分母と分子の増減で変わる！

　労働生産性を向上させようとするのであれば、分母を減らすか分子を増やせば数値は増加し、逆は減少するわけです。ごく単純に考えれば仕事によってえられる付加価値が変動しなければ、人数を減らすか1人当たり労働時間を短くすればいいわけです。逆に、労働者×時間を固定しておけば付加価値を増やせばいいわけです。

　付加価値は①から⑥までの合計ですから、人件費か経常利益か、それとも減価償却費のいずれか、または全てを増やせばよいということになります。ただし、付加価値額が同一なのに人件費だけを増やせば、経常利益がその分減りますし、逆に経常利益だけを増やそうと思えば、人件費などほかの費用を少なくしなければならないことになります。したがって「企業の稼ぐ

力を高めることが生産性向上だ」という主張は、付加価値額が増えた結果として経常利益が増えた場合は当てはまるかもしれませんが、付加価値額が増えれば当然、人件費を引き上げざるをえないので、稼ぐ力＝経常利益だけではどうにもならない場合もあるかもしれませんので、そう簡単なことではありません。

人件費も経常利益も増加する介護保険事業にするには

　介護保険事業の生産性を向上させる基本的要件は、介護現場の労働者数を削減するか労働時間を短くすることに注力されているようですが、介護保険事業者の「売上」のほとんどは利用者負担金と介護保険報酬などなので、どちらかあるいは片方の金額を増加させれば生産性は向上するわけですよね。同一条件下で介護保険報酬を引き下げれば生産性は低下します。人件費を政府の強権で引き上げても経常利益が低下したのでは生産性は維持できません。最も危険なのは、減価償却費を少なくするために新たな投資をひかえることによって経常利益を確保しようとする行為です。

　こんな単純なことを、介護保険報酬とか、診療報酬改定作業において為政者側で業務をなさる方々は、理解できないわけはないと思います。

　　　　　社会医療ニュース Vol.48　No.559　2022年2月15日

3 誤解されている介護の生産性議論でそれを向上させるのは簡単ではない

　2021年12月17日に公益財団法人日本生産性本部は「労働生産性の国際比較2021」を公表しました。この中で2020年の日本の労働生産性（時間当たり・1人当たり）の国際的位置づけや2019年の製造業の労働生産性比較とあわせて、2020年4から6月期以降の労働生産性の変化も分析結果が示されている大変貴重なものです。

　まず、2020年の日本の時間当たり労働生産性はOECDに加盟している38カ国中23位で、順位は1970年以降最も低くなっています。就業者1人当たり労働生産性は、OECD加盟38カ国中28位だと、具体的金額で説明されています。

　つぎに、2019年の日本の製造業の労働生産性水準（就業者1人当たり付加価値）は、アメリカの65％と、ドイツをやや下回る水準であり、OECDに加盟する主要31カ国の中でみると18位だそうです。

　日本の労働生産性は低いことはよく分かりますが、読み進んでいるうちに「⑦　教育・社会福祉サービス業の労働生産性トレンド」という項目があり、その中でつぎのように書かれています。

　「日本では、教育や社会福祉といった分野には各種補助金を含む多額の政府資金が投入されており、人員配置などにも規制が

ある。事業を運営する法人も、それにどうしても縛られざるを得ず、他の産業分野ほど自由な活動ができるわけではない。そのため、付加価値を拡大して労働生産性向上に事業者が取り組むインセンティブが他分野ほどなく、それが労働生産性にも影響しているものと考えられる」。

　意味は分かりますが、ビックリポンです。要するに教育や社会福祉といった分野は労働生産性が低く、労働生産性向上に事業者が取り組むインセンティブが他分野ほどない、といわれているのです。その通りなのでしょうが、このことと政府が強力に進めようとする介護サービスの生産性向上の取り組みというテーマが、わたしの頭の中で激しくぶつかり合います。多分、医療サービスも同様なのでしょう。

構造的に生産性が低いのにそれでも向上させろという

　なんか暗澹たる気分になり、そもそも「生産性」に関する議論は、どうしてこんなにも注目されるようになったのであろうかということで、本格的に勉強し直してみることにしました。

　生産性は経済学の重要なテーマで、専門家の間では盛んに議論されていることがまずわかりました。と同時に、どう考えても日本の時間当たり労働生産性はOECD加盟国の中で、順位が低下していることを問題にせざるをえない経済状況に追い詰められていることが明確にわかりました。

　それと、2017年になぜ「生産性革命」などということを安

倍首相が発言したのかの真意を探るべく、時系列で考え直してみました。確証はえられませんが、どう考えても「大胆な金融戦略、機動的な財政政策、民間投資を喚起する成長戦略という3本の矢」の成果が確認できない原因を「生産性」のせいだと責任転嫁しようとしたのかもしれないと、勘ぐってしまいます。もう忘れられたかもしれませんが、新たな3本の矢は「希望を生み出す強い経済、夢を紡ぐ子育て支援、安心につながる社会保障」で、「長年手つかずだった日本社会の構造的課題である少子高齢化の問題に真正面から挑戦したい」と安倍首相は意気込みを示しました。

　人口減少を食い止めることも、生産性を少なくとも現状維持することも、実は大変難しい課題で、複雑系の難問だということです。それなのに「介護の生産性」などを求められている現状を、どのように受け止めたらよいのでしょうか？

誤解されている生産性を実現するのは至難のワザ
　ということで、介護や医療の労働生産性はどのようになっているのか？労働生産性向上に事業者が取り組むインセンティブが、本当に低いのか？もし、それでも労働生産性を向上させるためにはどうすれば良いのか？などについて考え始めたのです。これが難題で、積乱雲がモクモクと立ち上るような感覚になり、時間ばかりが経過している状況にあります。

　本も何冊も購入し一応読ませていただきましたし、経済学者

の難解な論文も眺めさせてもらいました。正直にいって、数多くの第一線の経済学者が研究に没頭しているのに、凡人に理解できたことはつぎの3点だけです。

　第1に、「生産性」を完全に理解することは簡単ではないし、誤解されていることが沢山あり、まして生産性が何によって向上するかを説明できないらしい。

　第2に、それでも産業の実態を詳細に分析したり、あるいは生産性が向上した国の分析や国際比較をしてみると、エビデンスをえられる場合があるが、それを単純化して他国で普及させても結果として「向上」したかどうかは確かめられない場合が多いらしい。

　第3に、生産性にはICTやデジタル、AIやロボットが関係していることは間違いないが、現在、各国の研究者が膨大なデータを収集している過程で、これらと生産性の関係は証明されていないらしい。

介護の生産性向上等を継続的に介護経営学会で議論して欲しい

　はっきりいって、生産性については誤解が多く、何が影響してるかも不明な現状で、介護の間接業務のムリ、ムダ、ムラを省き、余裕が生じた時間をケアの直接業務に振り向ければ「介護の質は向上」することになることもあるのでしょう。しかし、デジタルやロボットを活用できれば、例えば、3人がかりで実施している介護業務を2人で実施できるかのような目的で、介

護業務の労働生産性を議論することは至難の業であり、まして介護分野での生産性向上に関するインセンティブをどのようにつけるのかという議論は始まってもいないというのが、とりあえずの結論ということになります。

　この課題については、今後、日本介護経営学会でも研究し、議論していただきたいと強く希望を表明していますので、多くの方にご参加いただきたいのです。

　以下の本を読んでいただければ、生産性に関する議論は多数あり、どれもそう簡単ではないという事実が理解できると思います。森川正幸「生産性　誤解と真実」日本経済新聞出版社。

　　　　社会医療ニュース Vol.48　No. 559　2022 年 2 月 15 日

★『まっとうな介護の生産性論を真っ正面から議論する』
　2023 年 11 月 26 日、標記の表題で第 19 回日本介護経営学会学術大会（慶應義塾大学経済学部駒村康平大会長）が開催されました。日本介護経営学会は、これまで「介護の生産性が低いというのは本当なのか？」「生産性が低いのは社会にとって価値が低いとでもいうのか？」「介護は生産性が低いという思い込みが一人歩きしているのではないか？」という疑問から議論を続けてきました。
　生産性とはどのように「定義」され、どのように「測定」されているのかという基本的なことから、「介護が家族介護者の不安を軽減し、離職を防いでいるということが生産性に評価されているのでしょうか」という根本的な議論を展開できました。

4 ニュー・ノーマルは勤怠管理を徹底的に見直すことになるのか

　何を今さらと思うかもしれませんが、仕事の管理の最も基本的基礎的な管理は出退勤（一般には勤怠）管理ではないかと思います。職員の無断欠勤、遅刻、早退、超過勤務、出張、外勤、代休、有給休暇などは、基礎的でもありますが、最近の在宅勤務、ホーム・オフィス、Web対応に限界のある病院や介護などの現場の大半の業務では、これが特に重要です。労働集約型24時間365日サービス業で、本当に困るのは、突然の欠勤ですし、遅刻を繰り返す職員がいると、全体の士気が低下します。職場のトラブルの原因になる場合さえあります。

　専門性が優先され、組織単位が細分化されている組織の規律を維持し、勤労意欲を低下させないないだけでも、大変な労力が必要です。コンプライアンスの確保だとかモチベーションの維持などといえば、少しは柔らかいいい方になるのかもしれませんが、管理者の仕事は勤怠管理に始まり、これができない管理者は業務を放棄していると判断され、懲戒の対象にさえなります。このことを繰り返し周知徹底することが、必要不可欠で、何よりも基本的管理に注力することが求められます。

　病院管理や社会福祉施設管理についての実態調査や研修事業に長年関わりましたが、勤怠管理に関わる職場の課題や問題は、

解決されることなく、労働環境の変化に伴い新しい問題を発生させているように思えてなりません。働き方改革は、その賛否はともかく新しいルールなので、対応するしかありません。例えば、残業時間の制限とか有給休暇の消化義務に対して、管理の方法も、これまでの組織内ルールも、職場の文化も徹底的に見直す必要があります。定時退社が当たり前、職場研修は全て勤務時間内、職員有志による勉強会は参加者負担で、外勤先での残業時間も管理対象、有給未消化者に対する指導強化など山積みです。結果的に ICT 導入で、全てシステム化しないかぎり難しい局面です。

その上、このパンデミック下での時差通勤奨励、在宅勤務推奨、学会・研修会等の Web 開催、学校休校措置で子育て世代への対応、PCR 検査陽性者や濃厚接触者への対応などで、実は既存の勤怠管理システムでは、完全に制度疲労の極致に陥ったのではないか、と思います。

勤怠から働き方管理へ

個人的には「勤怠管理」という言葉について、何度も疑問に思ったことがあります。公務員は、出勤簿に捺印して、有給等は必ず書類を事前に提出して上司の承認が必要でしたし、土曜日半ドン、土曜日隔週勤務も体験しました。その上、時間差通勤時間制やフレックスタイム制など、各種の制度も経験しましたが、公務員の世界では勤怠管理という表現はしません。理由ははっ

きりしませんが「公僕が怠けるわけない」という暗黙の了解が前提となっていたのかもしれません。

　主に勤務時間管理と有給管理だけのことで怠けているかどうかの判断基準にするということは、何しろ、遅刻はしない、欠勤がない、有給は最小限しかとらなければ精勤で、その逆は怠けているということになるわけです。「休まず、遅れず、働かずでも、定期昇給はあるし首にはならない」という話を、何度か聞いたことがありますが、本来、勤務時間管理と勤怠管理は同様ではないのではないかと考え込んでしまいます。毎日、時間を守り休まなければ精勤だと判断されるのは、本を開いて机に向かっていれば「よく勉強してる」と褒められるのに似ていますね。席についてPC画面に向かってはいますが、何を見ているかはわかりません。ひどい人になると、ゲームで遊んでいる場合まであります。勤務状況だけで怠けているかどうかは判断不可能ですが、遅刻や欠勤は怠けている証拠の一部になるということでしょう。怖いのは、休まない人の評価が高いという組織文化が転じて、有給休暇を完全消化する人は、評価が低いという空気が出来上がることです。

　在宅勤務を継続してみてわかったことがあります。在宅勤務の勤怠管理は、かなり難しいのではないかということです。何しろ人の目がありませんので、よっぽど強い意思で自らを管理しないと、さぼる誘惑に満ち溢れているからです。本当に怠けることを管理するのは難しいことだと思い知らされました。こ

れからは、勤怠管理から働き方管理へと変化するのがニュー・ノーマルなのではないかと思い到りました。

人的資源管理なのか？

　「勤怠から働き方へ」へのシフトを強く意識したのは、勤怠という言葉を英語に置き換えることが、できないからです。いろいろ考えましたが、タイム・マネジメントとかジョブ・アウトという表現を駆使しても、表現できません。どなたでも結構ですので、是非教えていただきたい。とりあえず、勤怠というのは、漢字文化圏だけに通用するのだということにして、今度は「働き方の管理」をどう表現するかです。働かせ方改革ならわかりますが働き方は働く方が選択することになるので、これを管理するというのも至難の業ですよね。

　実は公務員の世界では、長年、勤務評定が行われてきましたが、2006年以降は人事評価制度が導入されています。欧米の勤務評価や戦略的人事システムなどの影響を受けたものです。しかし、現時点で成功しているとは考えられません。人を評価することは、難しいことだと、痛感しています。

　人事管理や労務管理は、世界中どこにでもありますし、ヒューマン・リソース・マネジメントなどといういい方になると、採用から退職までの人的資源をどのように管理するのかという意味になり、勤怠管理とはかなり違うスタンスということになります。

経営学の分野というか経営学部では、必ず人的資源管理の科目があり、主に経営戦略との関係や組織構築のあり方、雇用・人材育成・評価・昇進・賃金等の制度設計の考え方、グローバル社会との関わり等について議論されます。今後は、働き方改革との関係や在宅勤務の普及に伴う研究が、日本の勤怠管理を徹底的に分析した上で、新しい考え方やあり方を示して欲しいと思います。

社会医療ニュース Vol.46　No.542　2020 年 9 月 15 日

★医療従事者の勤務環境改善について
　医療機関が PDCA サイクルを活用して計画的な「勤務環境改善マネジメントシステムを創設」「医療機関の自主的な取組みを支援するガイドラインを国で策定」「医療機関のニーズに応じた総合的・専門的な支援を行う体制（医療勤務環境改善支援センター）を各都道府県で整備。センターの運営には「地域医療介護総合確保基金」を活用」することにより、「医療従事者の勤務環境改善に向けた各医療機関の取組み」を促進する、ことになっています。詳しくは、「平成 6 年度厚生白書第 2 部第 1 章「働き方改革の推進などを通じた労働環境の整備など」の 9「医療従事者の勤務環境の改善に向けた取組みの推進」195 ページをご確認ください。

5 医療従事者の働き方改革推進は徹底したDX化を先行させなければ実現しないぞ

　医療・介護・福祉サービスについてのデジタル対応については、待ったなしなのではないかと焦っています。DXについては専門家でもないですが、例えば医師の労働時間を短縮しろといわれても、医師が長時間働くことで何とか日本の医療サービスは確保されてきた側面があります。ただ労働法制で強権的に「働き方改革しろ」といわれても、どうにもならないのではないかと思い込んでしまうのです。

　大学院の院生や修了生の病院勤務の医師のほとんどは、8時前には病院に到着し、18時には病院を出られますと言っています。これで週休2日を繰り返すと、完全に「働きすぎ」ということになります。8時から17時までが守られているかチェックしなければなりません。8時半から17時なんてことがありますが、毎日18時はブラックだといわれているのです。

　全米の全てがどうなのかわかりませんが、病院の手術室の手術開始は午前7時というのが多いと思います。約20年前の体験でしかありませんが、手術室のナースの勤務終了時間は15時か15時30分というのが通常だという説明を複数の病院で受けました。別に医療従事者が特別なわけでなく、製造業やサービス業でも同じようなことが起きます。都市部のハイウェイは

6時と16時が大渋滞でした。

　日本は長時間労働が常習化していますが、東海岸や西海岸で働いている人は「8時間働いたらくたくたでそれ以上働くなんて無理」とよく言っていました。17時には家に帰り、庭の水まきをしたり夕食の支度をして、毎晩家族全員で食事をするという生活なのです。パンデミック以降、日本でも「時間外会合」「残業」「接待」「飲み会」が急激に減少しているのではないかと思いますが、長時間労働はどうしても「労働密度」が落ちますので、効率的ではありません。

　医療従事者の働き方改革については、各種の議論があるものの変更されることなく、もうしばらくすれば「普通」のことになるのではないか考えています。ただそれを実現させる方法論として病院のDX化を強力に推進する必要があります。病院の情報システムに関しては、全てを把握できませんが、最先端グループと電子カルテ未導入な病院があり、DXに対する取り組みは十分といえる状態ではなく、手探り状態でゆっくり進んでいるのではないかという印象です。

　最先端病院は、電子カルテをモバイルでやり取りできるだけでなく、職員間のコミュニケーションも全てスマホ上でやり取りできるので、医師は病院以外の場所から救急搬送された患者さんの映像や臨床データをみることも、カルテの確認もできます。職員間の情報交換もリアルタイムなため、有効で効率的であり、医師の勤務時間の短縮化にも寄与できます。

DXのない働き方改革では医師の勤務時間は短縮困難

　医療従事者の働き方改革なのだから、それまでの勤務時間は短縮しろと言えば、ただちに短縮できると考えるのは間違いではないかと思います。まずは啓蒙段階、工夫段階、試行段階など経て進められていますが、同じ医師数で勤務時間だけを短縮することになれば、医療サービスの質の低下が起こらざるをえなくなります。

　そこで、短縮可能な時間は、通勤時間、確認時間、コミュニケーション時間、ミーティング時間などです。特に、帰宅後「病院からの緊急呼び出し」というのは、DX化が進めばモバイル上で処理できるかもしれません。特に、患者さんの状態を遠くからモバイル画像で確認できれば、再度病院に行かなくても良いケースが多いということのようです。

　これは一例に過ぎないといわれればそれまでですが、このようなことが可能なのは病院DXが進んでいるからです。実際、DXが進んでいない病院の中堅の臨床医に、電子カルテのモバイルで対応の話をしてみると、積極的に活用したいという意見が大多数です。重要なのは24時間システムを利活用できるということで、通常の勤務時間内でも大活躍し、労働負荷が軽減したという医師以外の病院職員の意見もあります。

　生産年齢人口は、今後益々減少しますので、これまでと同じ方法で同じことを短時間で行うことには、明らかに限界があります。今までの業務手順や課業（タスク）を見直すことにより

勤務時間が減少できるかもしれません。しかし、どう考えても働き方改革は、働いてもらう人々の負荷改善なのですからDXが必要不可欠です。逆に、DXを活用しない勤務時間短縮は至難の業だと思います。

DXの費用負担について明確な方針を示すべきだ
　今、電子カルテの統一規格だとか低廉化について、各方面で議論されているのだと思います。ただし、電子カルテのモバイル化を前提として、どこまで議論が深められているのかについては、よくわかりません。

　政府はDXを強力に推進していますが、その費用の捻出についてはすっきりしません。中小企業向けとか、大都市圏以外の府県などに関する経産省関係の補助金も多数ありますが、病院DXに関しての大型の補助金というものはなく基金などを活用する方向で調整されています。あらかじめ用意されている基金については、どちらかといえば民間部門より公的分野が優先的にされているのではないかと思います。

　行政分野のDXは緊急課題だと思いますが、病院DXについて先駆的に取り組んでいるのは民間病院で、公立病院のDX開発が進められているという事実を確認できません。それゆえ、地域医療介護総合確保基金を活用する場合、公私格差が生じないよう地域全体のDXという観点から有効かつ効率的に配分することが大切だと思います。

その上で、病院DXを費用負担も含めて、国の重点施策として強力に推進して欲しいと思います。介護保険施設や事業者に関しては、システムを統一しやすくすること。大量に安価なシステムを導入して、導入費用、ランニングコストの低廉化を求めることが大切だと考えます。もちろん、DXに関しては診療報酬や介護報酬にも反映させない限り、推進できるわけがありません。

社会医療ニュース Vol.48　No.559　2022年2月15日

★社会保険診療報酬支払基金の役員公募
　2024年8月28日の支払基金HPに理事長・医療職理事・監事の公募情報が掲載されました。【求められる人材のイメージ】の中の以下の文章です。「支払基金改革におけるICTの最大限の活用による審査事務の効率化・高度化を進めることにより、継続的に審査実績の向上や審査結果の不合理な差異の解消を着実に推進していくことが求められています。一方、保険証の新規発行停止後のオンライン資格確認等システムの円滑な運営と、マイナ保険証の利用環境の整備を図るとともに、オンライン資格確認等システムの基盤を活用しながら、審査支払機能に加え、医療DXに関するシステムの開発・運用主体として、その役割がますます重要となっています」とあります。巨大な医療費支払い機関自らが徹底的にDX化することにより、医療DXを推進するという政策転換だと思います。

6 医師の働き方改革を進めるにはためには DXで病院内の医師業務を変革させよう

　日本の医療は、比較的少ない医師が多くの患者を診療しているという特徴があります。どう考えても病院の勤務医は、よく働いていると思いますし、宿日直を行っている医師で週40時間以内の労働時間ということはレアケースです。例えば、週2回夜勤や宿直があるという医師も沢山います。一方、残業は基本的にしないという医師もある程度います。それでも病院常勤勤務医師が、ワーク・ライフ・バランスという観点で恵まれているとは考えられません。

　長年、医師の働き方改革の議論が進められてきましたが、医師の長時間労働を是正する方策については妙案があるわけではないように思います。基本は、労働時間短縮の取り組みです。まず、時間外の定例会議の廃止、会議自体の時間短縮、業務フローの見直しによる時間短縮化の取り組み、そしてタスクシフト／タスクシェアの推進ということになります。

　規制改革推進会議の答申ではつぎのように明記されています。「医療や介護は、人が充実して生きていくための、いわば、人生の前提であり、全国どこでも医療や介護に不安がなく、個人に最適化されたサービスが提供される社会を構築していく必要がある。このような観点から、デジタル技術を最大限活用し、患

者本位・利用者本位の医療・介護制度の構築を進めていくためのDXを加速させていく必要がある」と。

　その具体策については「患者・利用者による自宅を始めとする患者等の身近な場所での受診や薬剤受取が可能となるオンライン診療・服薬指導や電子処方箋の普及・促進等は、患者本位・利用者本位の医療を実現するための基盤となる取組」であり「特に、地方部に居住する高齢者のように医療機関や薬局等への移動の負担が大きい患者等にとっては、必要な医療の確保等に直結するという側面もある」、「このため、オンライン診療・服薬指導に係る場合の制約の見直しや、セルフメディケーションなど健康管理に関する選択肢の拡大を進めるとともに、手続のデジタル化を図る必要がある」としています。

　以上は規制改革という観点からの指摘ですが、医師の働き方改革という観点では、DXを最大限活用して、病院内の医師業務を変革させるしか方策はないように思います。病院内業務のDXの必要性については、何度も書かせていただきましたが、読者の皆様からの反応は低調です。「何から手をつければいいのか」とか「どうやればよいのか」という姿勢が示されることはまれで、サイレントマジョリティーは「もう少し様子みていよう」ということではないかと想像したり、落胆したりしています。

DX化には時間がかかるのです

　医師の働き方改革にはDXが不可欠です。病院のDXには、

最短でも6カ月かかります。電気器具のように購入してプラグインしても何も変わりません。まず、医師と、医師とともに働く医療従事者全員がスマホを持つ必要があり、共通のデバイスがないとできることは限られます。その上で、情報共有化する全員が確実に操作できることが必要です。そして、どのようなシステムを導入するか決めなければなりません。ここまでは、なにがなんでもトップダウンで方針を決める必要があります。

　病院DXのためのシステム製品はいくつか販売されていますが、どれが良いのか比較検討したり、導入に関する交渉は一定の知識が必要になります。何もわからないという段階から、すでに比較検討済みで最終交渉中という病院もあります。全く何もわからないし、理解できる病院職員がいないのであれば、まず知識がある病院職員を手当てしなければならなくなります。このような状況であれば、最低12カ月以上は必要でしょう。わからないならわかるまで集団で学習するしかありません。

　個人的な話ですが、5年前にはTeams、Bluetooth、Tik Tokも、Zoomだって何のことだか知りませんでした。今も完全に理解していませんが、なんとか利用している毎日です。「新しいことはわからない」といっている友人は沢山いますが、知らないと働けないのなら、使い方を習得しないと生きていけなくなります。多少何かに脅迫されているような気になることがありますが、解説本などで少しずつ学習しています。Z世代と呼ばれている人は、本などにたよらず、スマホだけで知識を吸収で

きていますが、シニアになるとやはり本が頼りです。

　ともかくあまり時間がありませんから、ただちにDXに組織的に対応して頂きたいと再度お願いします。介護施設も同様ですよ。

タスクシフト／シェアには関連法規の改正が必要です

　DXについては、まず、情報収集していただきたいのですが、タスクシフトとかタスクシェアのことを考えてみると、いずれ関連法規の改正が必要だと思います。例えば、医師事務作業補助者という職業がありますが、医師の指示で医師の事務業務の補助であれば、どのようなことでも引き受けられるという整理です。医師の業務範囲は広範ですし、医師の指示で業務を行う国家資格の医療従事者は沢山あります。医師事務作業補助者の資格が必要だという議論があってもおかしくありません。

　また、看護師に限らず臨床検査技師などの医療従事者も医師の指示があれば、広範な業務を担当できます。医師の指示で薬剤師が在宅患者を訪問して軟膏を塗布することが、どのような制度上の整理になるのかわかりません。

　例えば、アメリカの救命救急士やナースプラクティショナーは、一定レベルの診断や治療などを行うことができます。精神科医師の医療費が高いので、一定の要件を満たせばソーシャルワーカーが服薬管理の業務ができる場合もあります。さらに、アメリカの病院には、病気の予防、治療、管理、および心身の

健康の維持に関する業務を行うアライド・ヘルス・プロフェッショナルと呼ばれる、医療関連職種が多数あり、リハビリテーションの助手にも一定の要件をかし、実技の大半をになっています。

　いずれ AI が診断の補助として急激に普及するようになると、何らかの規制が必要にならざるをえないかもしれませんね。

社会医療ニュース Vol.48　№.563　2022 年 6 月 15 日

★医療分野における AI の現状と課題
　医療 AI は、①画像診断の進展（放射線や MRI 画像から異常を検出する技術の向上）、②データ解析の活用（ビッグデータ解析を通じて、患者の病歴や遺伝情報を基にした個別化医療）、③医療従事者の負担軽減（医師や看護師の業務負担を AI 活用で、軽減し、効率化）が進んでいます。今後は「疾病の早期発見と治療の最適化」「遠隔診療や AI 診断支援システムの導入」が期待できます。一方、「プライバシーとセキュリティ」、「信頼性と透明性」、「法規制と保険適用」などが指摘されています。医師の働き方改革の関連では、AI の活用を含めた医療 DX を強力に進めない限り医師の働き方改革は実効性が確保できないのです。

7 レガシーシステムの存在が病院DX推進を妨げる

「既存ITシステムの崖（2025年の崖）あらゆる産業において、新たなデジタル技術を活用して新しいビジネスモデルを創出し、柔軟に改変できる状態を実現することが求められている」、「何を如何になすべきかの見極めに苦労するとともに、複雑化・老朽化・ブラックボックス化した既存システムも足かせとなっている」

この文章は、2018年9月7日に公表された経産省の「デジタルトランスフォーメーションに向けた研究会」の《DXレポート〜ITシステム「2025年の崖」の克服とDXの本格的な展開〜》という衝撃的な報告書の一部です。壁になるのは、「予想されるIT人材の引退やサポート終了等によるリスクの高まり等に伴う経済損失」で、2025年以降最大12兆円／年（現在の約3倍）にのぼる可能性があると警告しています。

報告書の6ページで「DXの足かせとなっている既存システム DXを実行していくに当たっては、データを収集・蓄積・処理するITシステムが、環境変化、経営・事業の変化に対し、柔軟に、かつスピーディーに対応できることが必要である」が、企業においては、ITシステムが、いわゆる「レガシーシステム」となり、DXの足かせになっていると指摘しています。

「レガシーシステム」とは、技術面の老朽化、システムの肥大化・複雑化、ブラックボックス化等の問題から、経営・事業戦略上の足かせ、高コスト構造の原因となっているシステムのことです。レガシーと聴けば、遺産とか遺物のことを意味しますが、ここでは「時代遅れになってしまった古いコンピューターシステム」です。

すでに現実となっている DX の現状を考えてみる

　仕事や日常生活の変化を 6 年前と比較すると DX が進んできていることが改めてわかります。在宅勤務が進みリモートワークが当たり前になりましたし、商品の購入のほとんどがオンラインになり、翻訳ソフトは正確になり、街中でポケトークなどによりコミュニケーションが可能です。音声入力が普及し、文書やメモをデジタル化でき、文書自体を AI で作成することも急激に普及しています。

　無人店舗が増え、店舗に入るとタブレットでオーダーし、ロボットが運んでくるという飲食店も多くなりました。タクシーを呼ぶのも支払うのも便利になり、ドライバーは携帯電話で正確なナビゲーション情報を利用しているので、顧客とのトラブルは減っているそうです。新聞も本も雑誌も発行部数が激減、通勤通学時の公共交通の電車やバスの車内では、ほとんどの人がモバイル端末を操作しています。

　IC カードや各種自動精算機や改札機そして販売機、業務用や

家庭用のロボットとは毎日のように接触していますが、それらを動かすシステムには Cloud が活用され、IoT によりあらゆる機械がインターネットと結びつき、Big Data が蓄積され AI によって新たな情報が提供されます。これらを可能にしているのは、情報通信インフラである 5G に依存していますが、2030 年代に導入予定の 6G では、従来の延長上だけで捉えるのではなく、有線・無線や陸・海・空・宇宙等を包含した統合的なネットワークが検討されています。

病院 DX 推進の現状を訪問聞き取り調査する

　今、改めて 6 年前の報告書を読み返してみると、指摘されている通りに物事が進んでいるように思えてなりません。背筋が寒くなるような感覚があり、2023 年 6 月から各地の病院を訪問させていただき、病院 DX 推進状況について話し合いを続けています。

　この報告書に書いてあることで衝撃的なことは、「既存システムの問題点を把握し、いかに克服していくか経営層が描き切れていない恐れ」「既存システム刷新に際し、各関係者が果たすべき役割を担えていない」「既存システムの刷新は、長期間にわたり、大きなコストがかかり、経営者にとってリスクがあり」でしたので、このようなことが各病院で起きているのかどうかの確認を進めました。

　訪問した病院での話し合いでは、1 病院を除いて全て「その

通りなんだ」という結果でした。最大の課題は、既存システムの補償期間などの問題から、いつまで維持できるか正確にわからないことです。それは、既存システムを維持することのコスト増大、新しいシステムに移行するための膨大な資金調達の不安です。

　つぎに、病院DX人材の獲得も要請も困難で対応できないという現実問題です。「DX推進のためには人材に不安はない」、「ユーザー企業やベンダー企業との関係が良好である」といえる病院の管理者や経営者は、いませんでした。

病院DXを推進できないといずれ世界に追いつけない
　比較的規模の大きな病院での話し合いでは、手術支援ロボットである「ダビンチ」と「ヒノトリ」をどうするのかとか、アミロイドPETを導入するかどうかという検討が院内で行われていること。病院のサイバーセキュリティ対策については、対応しているものの万全かどうかわからないということ。そして、2023年6月2日に総理大臣を本部長とする「医療DX推進本部」が決定した「医療DXの推進に関する工程表」についての意見交換をしました。
　病院DX推進の現状は、危機的であり早急に改善するための協力と支援が求められます。今、自由な話し合いの場が必要です。

8 科学的介護情報システム LIFE登場で介護事業者は真っ先にデジタルに突入

　すでに過去のことになりますが、2021年度の介護報酬改定の作業中の段階から厚労省の老健局は以下のようなことを明言するようになりました。「介護サービスの質の評価と科学的介護の取組を推進し、介護サービスの質の向上を図る観点から、事業所のすべての利用者に関わるデータ（ADL、栄養、口腔・嚥下、認知症等）を CHASE に提出してフィードバックを受け、事業所単位での PDCA サイクル・ケアの質の向上への取り組みを評価（科学的介護推進体制加算）するものです。なお、2021年度より CHASE・VISIT を一体的に運用するにあたって、科学的介護の理解と浸透を図る観点から統一名称『科学的介護情報システム（LIFE）』を用います」という説明がなされたのです。

　『CHASE』は、Care , Health , Status , Events の頭文字を組み合わせた言葉で、介護サービスの利用者の状態の情報を集めて蓄積し、データベース化して活用することを意味します。『VISIT』は、通所・訪問リハビリテーションの質の評価データ収集に係るシステムの名称として英語圏ではおよそ通用しないであろうヘンテコリンなアルファベットの組み合わせです。LIFE は、まともに Long-term care Information system For Evidence の略語です。

なぜデータベース化が必要なのかというと、医療の分野を思い出してもらえるとわかりやすいかと思います。現在の医療においては、『根拠にもとづく医療』が定着しており、これまでに蓄積された様々な情報をもとに最新かつ最良の根拠を用いて、患者さんそれぞれに合った医療を提供するために活用されています。介護の分野でもこのようなことを本格的に行い「科学的介護情報システム」を確立したいという強い思いが伝わってくる2021年度の報酬改定だったのです。

科学的介護推進体制加算の対象と内容は多岐で複雑だ

　この加算の対象は、2024年度には廃止が決まっている介護療養型医療施設を除く介護保険施設、通所系、居住系、多機能系のサービス全てです。提出するデータはADL値、栄養状態、口腔・嚥下機能、認知症等のデータで、利用者1人につき月40単位を算定できます。

　施設系では、さらに疾病・服薬情報等のデータを提出できる加算が設定されています（加算Ⅱといいます）。老健施設や介護医療院では、利用者1人につき60単位、特養などでは服薬情報を求めず50単位が設定されています。凄いのは、リハビリテーション・マネジメントや個別機能訓練加算、褥瘡・排泄加算、口腔管理等に関する加算においても、LIFEを活用しデータを提出した場合、特別加算が設定されていることです。

　2021年度の改定では、リハビリテーション、個別機能訓練、

褥瘡・排泄、咀嚼・口腔、栄養の取り組みを一体的に運用し、自立支援・重度化防止を効率的に見直すという意図が明確に読み取れます。実際にリハビリテーション、機能訓練、口腔、栄養に関する加算の算定要件になっている計画や会議について関連する各職種が必要に応じて参加することを明文化したり、各種計画書について重複する記載項目を整理したり、それぞれの実施計画を一体的に記入できる様式を提示しています。

　また、施設系サービスで廃用症候群の発生や寝たきり防止の観点から画期的な『自立支援促進加算』が新設され、医師が入所者ごとに自立支援のために必要な医学的評価を入所時に実施し、少なくとも6カ月に1回の再評価、計画見直しに参画し、医学的評価に基づき、少なくとも3カ月に1度各専門職がLIFEを確認しながら共同で支援計画を策定し、ケアを実施した場合、月300単位を加算できるようになりました。

加算算定のためには業務のデジタル化が不可欠なのだ

　かつて、2021年介護報酬で改定率に不満をわたしがを述べたのは、感染が拡大し緊急事態宣言が発令され、全国各地の介護事業者や介護保険施設からクラスター発生の連絡を受けていた渦中の公表であり、正直がっかりしたからです。同じような思いは、全国で共有されていたのではないでしょうか。ただ、改定内容をしっかり読み進めると、改定率は僅かでも仕掛けが大掛かりに思えるようになりました。

特養を経営する社会福祉法人の理事長たちは「医師が本気で協力してくれるのか」、「すごく良い先生だがあまりに高齢で対応してもらえるだろうか」、「算定できる体制がつくれない」、「LIFEの意義が理解できるが人がいない」、「セクションごとの数台のPCだけでは対応できない」、「施設内のデジタル環境を改修する工事費がない」、「新たにシステムを組まないと業務が回らない」、「ぎりぎりの職員数なのに複雑化すれば退職されてしまう」、「作業療法士さんとか管理栄養士さんはどこかにいないか」などといった、すごい反響がありました。

　2021年の改定について特養関係者の多くは「医療の関与が大きくなった」と感じ、老健施設でも「ついて行けるか不安」だという正直な感想を話す人が多いです。

　ビッグデータを処理するから「データベースに情報を送れ」といわれているのは十分理解できますが、そのためには全職員が毎日利用者の状態を把握して記録し、その記録を管理して各職種で共有化し、目標や計画との齟齬を発見することも大切ですし、問題点を洗い出さなければなりません。もちろん修正が必要ならただちに修正し、業務全体の評価もしなければならないのです。しっかりPDCAを回せばよいわけですよね。

　まず、デジタル環境を改善する必要があります。PCの追加や、買い替えが必要です。辛いのは、オペレーションの見直しや、マネジメントをやり直す必要が出てくることです。職員が対応してくれるのかという課題もあります。

でも、僅かな改定率に対応するために、真っ先にデジタル化に進まなければならないというわけです。デジタル化に伴う投資により真っ逆さまに経営悪化ということも考えられてしまうのです。

社会医療ニュース Vol.47　No.548　2021年3月15日

★LIFE導入は介護のビッグデータ構築と解析
　LIFEは、全国の介護施設から収集したデータを分析し、フィードバックすることで、質の高いケアを提供するための科学的根拠を提供します。これにより、施設や介護職員によるケアのばらつきを減らし、どこでも質の高い介護が受けられるようになることを期待されています。また、導入することにより介護施設のICT化が進みます。データの電子化やオンラインでの提出が可能になるため、ICT化が促進され業務効率が向上します。最終的な最大のメリットはビッグデータ解析により、「利用者一人ひとりに最適なケア方法を発見できる」ことではないでしょうか。このようにLIFEのメリットは計り知れませんが、データを構築するためのケア現場の負担は決して少なくありません。
　介護を科学的な情報システムによりビッグデータ化し、それにより「個別ケアの最適化」が達成できる方向が明らかになれば、それは国際的偉業なことは間違いありません。

9 どうすれば有能な人財を集め続け学習組織化することができるのか

　半藤一利は『ノモンハンの夏』（文藝春秋1998年）の中で、「ジューコフはモスクワに凱旋したとき、スターリンから日本軍の評価をただされた。そのとき、日本軍の下士官兵の頑強さと勇気を、この猛将は心から賞讃した。慰めとはならないが、その理由がわかるようである」と書いた。

　この文末に注がありジューコフの見解は「日本軍の下士官兵は頑強で勇猛であり、青年将校は狂信的な頑強さで戦うが、高級将校は無能である」と万感の思いで「あっぱれな正答である」と記されています。ジューコフとは、ソ連の将軍でノモンハン後、独ソ戦を勝利に導き、スターリンの狂気の粛清をかわしつつソ連邦元帥、そしてフルシチョフ時代の国防大臣まで昇りつめた有名な軍人です。

　高級将校は無能であるということが旧日本軍の特徴であり、戦後もその組織体質が引き継がれたかどうかは別問題です。ただ、高級官僚の度重なる不祥事や大企業トップ層による重大な法令違反などのたびに「魚は頭から腐る」ということわざを、噛み締めています。

　有能な人を集められなければ組織の維持も発展も望めません。企業の取締役や重役、CEOとかCFOとか呼ばれるCクラスの

人材はいつも不足しており、単なる学歴主義では成長が停滞しますので、社会人の学習歴が評価される時代です。

　デジタル人材の不足のような緊急課題はありますが、何しろトップマネジメント層の能力と姿勢そして行動が問われているのです。どうしたら有能な人が集められ、どのような学習が必要なのか、そしてどうすれば持続的成長が可能かという大きな課題があります。

医療は技術人材が全て、福祉は理念追求型集団

　どのような組織でも共通なのかもしれませんが、医療は一定水準以上の技術人材が集められないと事業を進めることができません。福祉の世界では、福祉を追求していくという理念を組織集団のパーパスとして共有できる組織ができないと成長できません。

　医師をはじめ医療技術者の多くは国家ライセンスが必要で、最近の言葉でいえば国家資格はオープンバッジ（資格認定）の原型です。日本的経営が昭和の高度経済成長期を支えた経営手法で、その特徴は、企業別労働組合・年功序列・終身雇用といわれてきました。30年前までの日本の国公立病院にそのような傾向があったことは事実です。しかし、独立開業するか病院の事業継承する以外の医師は、職場を異動しながらキャリアアップします。看護師も新卒後同じ病院で働き続ける集団の方が少数傾向です。その他の医療従事者は、自らの技術の習得に関し

ては熱心ですが、職場へのロイヤリティーは高くならない傾向があります。また「事務職」と呼ばれる医療従事者以外の経営マネジメント職は、職層を登ると流動化する傾向がありますし、他業種のマネジメント層を病院が積極的に受け入れる傾向が近年顕著です。

社会福祉法人の経営という観点ですと、正直いって、デジタル、財務、戦略、マーケティング、知識創造分野のＣクラスに相当する人材は僅かです。福祉の世界でも他分野からの経営専門職人材の獲得が経営課題になります。理念追求型集団での非営利組織経営では、経営マネジメントに対する業績評価基準が明確化できず、給与面でも福祉職給与体系が組織全体の給与ベースになり、優秀な人材を外部から高給で募集することはできません。そのため組織内でスキルアップするか、外部のコンサルなどを活用する以外ないという状況です。

医療・福祉の世界では人材は財産で資本です

中小企業基本法では、「資本金の額」と「常時使用する従業員数」を業種ごとに定めています。サービス業では5,000万円以下、100人以下が中小企業に該当します。医療法人や社会福祉法人は、法令上の「会社」ではありませんので、100人以下の組織でも非該当になります。一方、大会社とは、資本金が5億円以上ある企業、または負債額が200億円以上である会社のことで、会社法において規定されています。

単一の医療法人や社会福祉法人で年間収益が1,000億円を超える法人はいくつか存在していますが、100億円を超える社会福祉法人は2021年度決算ベースで32法人です。

　法令上のことは別として、従業員100人以下の病院も福祉施設もありますが、国家資格者が確保できなければ事業を継続することはできません。病院であれば医師、看護師のほか薬剤師、放射線技師、管理栄養士が不可欠で、リハビリテーションを提供するのであれば理学療法士、作業療法士、言語聴覚士、社会福祉士が必要です。透析や手術を行うには臨床検査技師や臨床工学技士などの専門スタッフが必須です。すべて、ライセンスが必要で、チーム医療が基本なので、医療に対するパーパスの共有やコミュニケーションとともに日進月歩する医療技術の生涯学習が求められます。

　このようなことから病院の医療従事者は病院の貴重な財産であり資本なのです。その上で、どうすれば有能な人材を集め続けられ、学習組織化することができるかどうかが経営の最重要課題なのです。

　今、上場会社が、人的資本を再認識していますが、病院などは、もともと必要な人材が確保できなければ事業が成り立たないのだと、どうしてもいっておきたいのです。

　　　　社会医療ニュース Vol.48　No.566　2022年9月15日

10 デジタル7割リアル3割という政府目標に組織全体で学習し対応しよう

　相変わらず世の中わからないことばかりですが、菅政権のデジタル庁新設、特に『デジタル7割リアル3割』という目標は、すごいことでしたね。どこかで読んだことがあると思い本棚を探すと、ニコラス・ネグロポンテ著、福岡洋一訳の『ビーイング・デジタル ― ビットの時代』アスキー、がありました。29年も前の本で、当時「こんな風になるのかなー全てがデジタルになるのか」という印象だったのですが、なぜかあまり理解できていなかったようです。後悔してもしょうがないのですが、この本に書いてあったことの多くは、今、世界中で現実になっています。

　それはともかく、この四半世紀の間、「失われた20年」などという表現で、GDPの伸び悩みと公債残高の圧力につぶされそうになりつつ、日本は国際競争に負け続けてきたことは、事実として認めなければなりません。いつの間にか巨大IT企業が世界でGAFAと称されました。グーグル、アップル、フェイスブック、アマゾンを仕事や日常生活で使用している読者は多いと思います。

　AIとかIoTという言葉も毎日のように見聞きしますが「人工頭脳」や「ものがインターネットにつながること」といっても

いいし、ICTを「情報通信技術」でも構いませんが、それらがつながりあうことによって、リアルな社会とサイバー空間の区切りがなく活用され、快適な移動や効率的な生産が実現されていると考えることもできる時代になりました。そして、これらは過去の約100倍の通信速度になる「第5世代移動通信システム」5Gの登場で、社会の仕組み自体を変革させています。この5Gの携帯電話が日本でも販売されたことで、大量なデータのやり取りが可能になり、新しい世界が広がっています。そして、さらに6Gの時代に向かっているのです。

ヒトとヒトのリアルが全ての医療や福祉のデジタル化とは

　経産省が推進したい「デジタルトランスフォーメーション：DX」という言葉は日常でも使われるようになりました。これには「企業がビジネス環境の激しい変化に対応し、データとデジタル技術を活用して、顧客や社会のニーズを基に、製品やサービス、ビジネスモデルを変革するとともに、業務そのものや、組織、プロセス、企業文化・風土を変革し、競争上の優位性を確立すること」という難解な定義が推奨されています。これも「デジタル技術による社会変革」でよいように思いますが、DXと書いた方がいいのでしょう。

　デジタルによる社会変革を政府が強力に推進することが明確になった以上、ただちに対応する必要があります。ただ、IT最先端の日本の病院をみても『リアル7割デジタル3割』としか

思えません。医療スタッフ全員がスマートフォンでカルテをはじめ各種情報をやり取りしている病院を、わたしは数病院しか知りません。これらの病院でさえデジタル7割にすることが、可能なのか正直わかりません。一方、大多数の病院では、電子カルテは導入されていますが、その他のデジタル化が進んでいないという現状があります。専門のシステムエンジニアが配置されている病院も多くなりましたが、全く情報リテラシーがない病院もあります。

　それでも、平均的病院と特養を比較してみると、病院の方がデジタル化されていると思います。どこでもPCはありますし、会計ソフトや報酬請求ソフトを活用しており、最低限の情報管理は行われています。ただし、情報責任者や管理者が誰なのかも明確でない組織も少なくありませんし、情報に関する専門の教育を受けた職員も配置されていないばかりか、この分野の職員教育体制もほとんどないという現実もあります。

　感染防止策としてのWeb会議は、6カ月程度で日本中に普及しました。しかし、この期間に体験した範囲でいえば、「しっかり調べて、正確に学習する」という基本的対応ができない組織が少なくないということです。特に、事務系職員であるにもかかわらず各種「解説本」も買わず、ネット情報だけで対応している場合や「わからない」といって調べること自体を放棄している職員もいました。このようなことが行政機関でも各種団体でも起こりましたので、先行きが心配でなりません。

何しろ学習する組織にすることが必要である

　そんなことはない「きちっとやっている」という組織が多いと思います。感染症拡大時期には、対人場面でのアクリル板の設置、空気清浄機の配置、PPEの3カ月間在庫、デジタル補助金の活用、そして「かかりまし費用」の積算、優遇融資の申し込み、功労金の請求などの大量の業務が発生しているにもかかわらず、誰にもいわれないから「やってない」という組織をみると情けなくなりました。

　総務省のデータでは、スマートフォンの保有率は2010年の12.3％から2019年には67.7％に向上したそうです。2022年1月には94.0％になったそうです。仕事にスマートフォンが必需品になるのにそれほど時間はかかりませんでした。「わからない」なら「学ぶしかない」と思います。携帯電話会社が利用者対象にミニセミナーを開いている場面を、街中でみるようになりました。後期高齢者になっても「デジタル」時代を生き延びなければならないので学習せざるをえないのだと思います。これからの変革に、あらゆる組織で学習して対応する以外方法はないのではないでしょうか。職場全体を「学習する組織」に変革しましょう。

11 人的基本経営の実現に向けた検討会『人材版伊藤レポート 2.0』を読む

　2022年8月25日、経産省と金融庁のHPに「人的経営コンソーシアム設立総会が開催されました」がアップされ「設立総会には入会企業320社のうち47社が対面で参加し、その他の入会企業はオンライン配信を視聴しました」とあり、伊東邦雄会長による開会挨拶、西村経産相の挨拶などが行われました。一橋大学CFO教育センター長の伊藤先生など7人が発起人になり「人的資本経営の実践に関する先進事例の共有、企業間協力に向けた議論、効果的な情報開示を行うこと」と述べました。経産省が推進役で、これだけの上場企業が参加した組織は、日本企業が抱える人的資本への危機感が根底にあり、今後とも発信力を増すのでしょう。

　金融庁と東京証券取引所が2021年に改訂したコーポレートガバナンス・コードには、人的資本への投資について自社の経営課題との整合性を意識しつつ具体的に情報を開示すべきことなどが明記されました。話は前後しますが、2020年9月に「人材版伊藤レポート」が公表され、上場企業の人事部門の担当者などに注目されたのです。

　この伊藤レポートを深堀して高度化させたものが、2022年5月、公表したA4判74ページの『人材版伊藤レポート2.0』と、

19社の実践事例集と調査集計結果です。

　伊藤レポートを勝手に要約するキャッチフレーズは、さしずめ「人材は管理の対象ではなく資本なんだ」ということです。直近の5年間で企業や官庁あるいは医療機関などで働き方を含めた人材戦略の在り方が問われていることは多くの人々が、気づいています。

　まず、産業構造の急激な変化、少子高齢化や個人のキャリア観の変化は、企業や個人を取り巻く環境への対応を必然的に考慮しなければなりません。変化の中で、企業は様々な経営上の課題に直面していますが、これらの課題は、人材面での課題と表裏一体であり、スピーディーな対応が不可欠です。このため、各社がそれぞれ企業理念や存在意義（パーパス）まで立ち戻り、持続的な企業価値の向上に向け、人材戦略を変革させる必要があります。今回のレポートの狙いについては、つぎのようです。

　人的資本情報の開示に向けた国内外の環境整備の動きが進む中で、「経営戦略と連動した人材戦略をどう実践するか」と、「情報をどう可視化し、投資家に伝えていくか」の両輪での取組が重要となる。後者の「情報をどう可視化し、投資家に伝えていくか」という点については、内閣官房の「非財務情報可視化研究会」、経済産業省の「非財務情報の開示指針研究会」、金融庁の金融審議会「ディスクロージャーワーキング・グループ」において、開示に当たっての考え方や開示の枠組みが議論されているので、これらを参考にして欲しい、とあります。

その上で、「人材戦略に求められる3つの視点・5つの共通要素」が図示されています。

　人材戦略は、産業や企業より異なるものの、①経営戦略と連動しているか、②目指すべきビジネスモデルや経営戦略と現時点での人材や人材戦略との間のギャップを把握できているか、③人材戦略が実行されるプロセスの中で、組織や個人の行動変容を促し、企業文化として定着しているかという3つの視点です。

　共通要素は、①目指すべきビジネスモデルや経営戦略の実現に向けて、多様な個人が活躍する人材ポートフォリオを構築できているか、②個々人の多様性が、対話やイノベーション、事業のアウトプット・アウトカムにつながる環境にあるのか（知・経験のダイバーシティ＆インクルージョン）、③目指すべき将来と現在との間のスキルギャップを埋めていく（リスキル・学び直し）、④多様な個人が主体的、意欲的に取り組めているか（社員エンゲージメント）といった要素、そして⑤「時間や場所にとらわれない働き方」です。

　リスキル・学び直しのための取組に注目する「経営環境の急速な変化に対応するためには、社員のリスキルを促す必要がある。また、社員が将来を見据えて自律的にキャリアを形成できるよう、学び直しを積極的に支援することが重要である」という指摘は重要です。このことを実践するためCEOやCHRO最高人的資源責任者は、つぎのようなことに取り組むことが必要

で【実践事例集での取組事例】にも示しています。

(1) 組織として不足しているスキル・専門性の特定
　経営戦略実現の障害となっているスキル・専門性を特定し、社員のリスキル・学び直しを主導する。その際は、そのスキル・専門性の向上が社員にとってどのような意義を持つのか、丁寧にコミュニケーションを行う。
(2) 社内外からのキーパーソンの登用、当該キーパーソンによる社内でのスキル伝播
　自社に不足するスキル・専門性を有するキーパーソンを社内外で特定し登用するだけでなく、当該人材にスキルの伝播を任せることで、周囲の人材のリスキル・学び直しも誘導することを検討する。
(3) リスキルと処遇や報酬の連動
　組織に不足するスキル・専門性の獲得を社員に促すに当たって、学ぶことや、失敗に終わったとしても学び挑戦をする姿勢そのものを称える企業文化の醸成の観点からも、その成果に応じ、キャリアプランや報酬等の処遇に反映できるよう、制度の見直しも含めて検討する。その際、組織のニーズのみに限定されない社員の自主的な学び直しにも配慮する。
(4) 社外での学習機会の戦略的提供（サバティカル休暇、留学等）
　社員が社外で学習する機会を戦略的に提供し、リスキル・学びを促す。その際、一定期間職場を離れて学習等に活用する

ための長期休暇（サバティカル休暇）の導入や、国内外の大学・大学院での留学等、様々な方策が考えられるが、既存の学習支援制度を含めて、自社にとっての意味合いを見直す。
（5）社内起業・出向起業等の支援
社員の知識・経験を多様化し、周囲も含めた人材育成効果を高めるため、社内での起業や、出向という形での起業に挑戦する機会を、選択肢として社員に提供する。

以上とのことです。

　　　社会医療ニュース Vol.48　No.566　2022年9月15日

★伊藤レポート 3.0（SX 版伊藤レポート）
　2022 年 8 月 31 日経産省は、サステナビリティ・トランスフォーメーション（SX）研究会の報告書として、SX の重要性とその実現に向けた具体的な取組を整理した「伊藤レポート 3.0」を取りまとめました。SX とは、社会のサステナビリティと企業のサステナビリティを「同期化」させていくこと、およびそのために必要な経営・事業変革（トランスフォーメーション）を指します。「同期化」とは、社会の持続可能性に資する長期的な価値提供を行うことを通じて、社会の持続可能性の向上を図るとともに、自社の長期的かつ持続的に成長原資を生み出す力（稼ぐ力）の向上と更なる価値創出へとつなげていくことを意味しています。

12 カエル飛びしていつか追いつけば DXは成功なので諦めないで欲しい

　日本の介護や医療にDXが不可欠だと理解してから、わたしはほぼ独学で情報収集し各地でデスカッションを重ねてきました。その結果、DXに関しては経営トップが自ら学習し決断しトップダウンで推し進めないとどうにもならないという、あたりまえの結論に到達しました。

　日本型組織は、どちらかというとボトムアップ的で全員参加型が基本で、組織を維持発展させるためには民間組織であっても官僚性が徹底されており、トップには人望と資質をステークホルダー側が求める傾向があると思います。官僚制とか官僚主義という言葉自体にアレルギー反応を示す人は決して少なくないと思いますが、官僚性には短所もありますが長所も沢山あります。徳川幕府の260年間は、家父長制的な支配に基づく家産型官僚制の完成形であったのではないでしょうか。

　ドイツの社会学者、マックス・ヴェーバー（1864-1920）は、合理的支配システムとしての近代官僚制が持つ「権限の原則」「階層の原則」「専門性の原則」「文書主義」などに着目し、研究しました。その結果、個人の自由が抑圧される可能性などのマイナス面があるものの「近代官僚制のもつ合理的機能を指摘し、官僚制は優れた機械のような技術的卓越性がある」と主張しま

した。

　一方、米国の社会学者ロバート・キング・マートン（1910-2003）は官僚制には、逆機能があることを指摘しました。例えば「法律（規則）の手段の自己目的化」「官僚組織の情緒的な同調主義・自己保存」「官僚組織の非人格的な機械性・画一的な対応」といったマイナス機能があると指摘したのです。これ以降、いろいろな人が官僚制には「規則万能、責任回避・自己保身、秘密主義、前例主義による保守的傾向、画一的傾向、権威主義的傾向、セクショナリズムの発生」というマイナス面があるとして徹底的に批判されてきました。

　行政官僚主義は硬直的で時代も変化に対応できにくいことは確かです。それでも世界中の近代組織は官僚制の原則に貫かれていますし、官僚制を打破した新しい組織のあり方が研究されていますが、未だ決定的新原則が確立しているわけではありません。民間組織が官僚制とは全く別の体制によって運営されているわけではなく、むしろ官僚主義的運営を経営の場面に活用している私企業が少なくない現状があります。

官僚主義的組織体がDX推進を邪魔する

　官僚制はどのような組織でも部分的に採用されていますので、全てが悪いわけではありません。しかし、マイナス面があることは確かですので、デメリットに十分注意しながら運営する努力が必要です。官僚主義的態度の人々は、どうしても新しいも

のに対応しにくいといえるのではないかと思います。それゆえ、官僚主義的組織体ほどDX推進を邪魔しているのではないか？ 逆に、それほど官僚主義的でないところほどDXに取り組んでいると、わたしは考えてきました。

しかし、先進的な市などの地方自治体で民間企業の人材を副市長などに公募し、デジタルガバナンスに取り組んでいる掛川市、四条畷市、加古川市などの現状を確認してみると、行政官僚主義組織が副市長クラスに民間のデジタル人材を登用すればDXが可能な場合があることがわかりました。このことは、市長自身がデジタル人材であれば、市レベルのDXの可能性はいくらでもあるのだということに、気づきました。

病院や社会福祉施設などが官僚主義的組織体化しすぎているために、世の中の変化への対応力を低下させているのではないでしょうか。年功序列型補充人材募集が習慣化している組織では、対応力のある人材の流失と対応力に乏しい職員の採用を繰り返すことにより、再生不良になるという体験が、わたしにはあります。

新しもの・勉強好きで諦めないで取り組もう

「新しもの好き」「勉強好き」「決して諦めない」というトップがいる組織ほどDXが進んでいます。「年取ったのか新しいことに取り組む意欲がない」「いまさら勉強するのが面倒くさい」「DXはむずかしいので諦めるしかない」という人は少なくありませ

んが、こういった組織トップにいろいろ話しても時間の無駄なような気分になることがあります。それでも、組織の経営継続性確保のため諦めないでくださいと、励ましています。

　「失礼ながらいい年なのに新しいこと勉強して偉い」などと嫌味をいう人もいます。それでも「変化への対応を怠たった結果、無能な老人と揶揄されたくない」などとやんわり反論したりしています。人それぞれですが、組織や職員そして利用者のためにも変化に対応して経営継続性を高める使命が経営者にも管理者にもあります。それをあきらめるということは、椅子から降りる準備を進めざるをえないのではないでしょうか。

　くり返しになりますが、新しもの好き・勉強好き・決して諦めないという姿勢は、経営者や管理者の使命なのではないでしょうか。自分では対応できないと判断すれば、対応できるナンバー2をどこからか人材登用するしかないでしょう。決して諦めないでカエル飛びをイメージして学習しDXのための戦略を策定するためのチームを創りましょう。DXは全員参加が原則ですからリーダーシップもマネジメントも必要です。

　　　　社会医療ニュース Vol.50　No.590　2024年9月15日

第5章

第20回日本介護経営学会学術大会トピックス

1 カエル飛び DX の波に乗り遅れるな

　2024年6月28日（金）に青森県青森市にて、「第20回日本介護経営学会学術大会」が開催されました。大会長はわたくし、小山秀夫が務めさせていただき、テーマは「介護DX－Leap-froggingのシナリオを考えよう－」です。

大会概略
　わが国の医療介護経営はまさに変革の時代を迎えています。少子高齢化、何より人口減少社会と向き合っていかなくてはいけない状況であり、少ない生産年齢人口で今後も我が国らしい心温かな介護経営をしていくために本会では生産性向上の本質的議論と向き合ってきました。
　そして介護のDXについて学ぶことは、介護経営者の必要条件となっています。この度の大会では介護DXの本質と向き合っていきます。国策として医療DXは織り込まれましたが、介護DXについてはこれから本格化していかなくてはいけません。DXに着手できていない事業者も多いですが、DXというお題目だけで巨額の投資をして疲弊している事業者も散見されます。
　焦る必要はないですがしっかりとそれぞれのテクノロジー進化と介護現場のリアルを見極めながら正しくローコストなDX

を進めていかなくてはいけません。

　当大会ではまず、デジタルのトレンドを知る意味で日本マイクロソフト株式会社、介護DX現場の実践例として青森県で病院・老人保健施設や特別養護老人ホーム、さらに各種在宅ケアを運営している一般社団法人慈恵会、DXを通じた介護組織マネジメントを株式会社やさしい手、DXを通じた介護現場支援を株式会社大塚商会、DXと介護経営理論を滋慶医療科学大学大学院医療管理学研究科の宇田教授に発表してもらい、そもそものデジタルを通じた社会価値変革イノベーションの本質とはという大きな問いに迫ってみました。

　この第5章では、当日各専門分野の皆様にご講演いただいたトピックスを交えながら、実際に介護DXを進めていく方法についてこれまでに確認できたことも交えながら、順番に説明してみたいと思います。

　この書籍を読んでいただいている皆様には、今が「改革のチャンス」と考えていただき、戦略をたてて一気にDXを進めて欲しいのです。

第 20 回 日本介護経営学術大会 プログラム（一部省略）

開 会
　栃本 一三郎 氏 （本学会副会長／放送大学 客員教授）

大会長講演
「介護 DX －Leap-frogging のシナリオを考えよう－」
　小山 秀夫 氏 （本学会副会長・大会長／兵庫県立大学大学院 社会科学研究科　特任教授）

講 演 ①
「ヘルスケア業界における生成 AI 活用への期待 先端技術が実現するより良い医療・介護のかたち」
　村澤 直毅 氏 （日本マイクロソフト株式会社　アカウントテクノロジーストラテジスト）

講 演 ②
「本州最北端介護 DX」
　丹野 智宙 氏 （本学会理事／社団法人 慈恵会 理事長）

講 演 ③
「DX を通じた介護現場支援とは
　　　　　　　－次世代を見越して介護 DX に必要なこと－」
　林 和美 氏 （株式会社大塚商会　業種 SI プロモーション部　医療・介護担当）

講 演 ④
「最先端技術を導入して、さらなる発展を」
　宇田 淳 氏 （本学会理事／滋慶医療科学大学大学院　医療管理学研究科　教授）

講 演 ⑤
「介護 DX で業務を変革しよう！－データと AI で介護の未来を切り拓く－」
　香取 幹 氏 （本学会理事・事務局長／株式会社やさしい手代表取締役社長）

総 評
　田中 滋 氏 （本学会会長／埼玉県立大学　理事長）

閉 会
　駒村 康平 氏 （本学会理事・運営委員会委員長／慶應義塾大学 経済学部　教授）

2 DXを進めるための具体的方策

まず、DXを推進したいと考えチャレンジしたくとも、実際にどのように進めていけばよいのか皆目見当もつかないという状況の方もたくさんいらっしゃるのではないでしょうか。

以下では一般的なDXの進め方についてご説明いたします。

(1) トップとしてDX推進の決意表明

まずは、組織のトップが組織全体に向けて、「DXを推進していくことを宣言する」ことが大事です。そしてこれは、一貫して変わることのないものであることがとても重要になります。

DXとは「デジタル技術を活用して、これまでの働き方や組織の仕組みを根本からも変えていく」作業となり、これまでやってきた運用や業務内容を変えていく作業となるのです。

組織全体で共通の目標を共有することで、一丸となって取り組む流れができ、変化に対する抵抗感を軽減させたりモチベーションの向上にもつながります。

また、実際にDXを進める細かい業務を実行していくのは、トップではなく現場の職員です。業務を進める中で、職員からの拒絶や反発があった場合にトップとしての意思決定が明確であると、一職員としての決断ではなく「組織としての決断」と

して進めることができ、現場職員の後ろ盾となり、反発する相手にも理解を得られやすくなります。

　実際に現在 DX を推進して順調にいっている組織でも、プロジェクト開始当初は否定的な意見や、協力的でないことがあっても、トップの明確かつ一貫した姿勢のおかげでスムーズに業務を進めることができた事例は多数です。

（2）現場の中心的人物の選定・組織づくり

　DX を進めるうえでの一番の課題ともいえるのは、人材確保ではないでしょうか。実際、ただでさえ人材確保が難しくなっている介護業界で、DX に精通している人材を採用することは容易ではありません。そのため新たに人材を確保するより、現場の職員の中から DX に興味を持っていたり、見識が深い職員を探し出し、一緒に学んで、時間をかけてスペシャリストに育てていきましょう。

　この人員の選定の際には、守りの姿勢だけではなく、攻める姿勢を持つ人を見つけ出すことが大切です。介護や医療情報は個人情報を多く含み、どちらかというと閉鎖的な側面がありますが、DX を進めるとなると Cloud など外部システムの利用がメインとなってきます。そうした時に、情報漏洩などのリスクばかりに注目しすぎて、行動に移せなくなることは大きな障害となるため、安全第一としながら、新しいものを取り入れる決断ができる人材であることが求められます。

また、多職種を巻き込んで組織横断的に業務を進める必要がある DX では、各現場から現状や課題について傾聴し、業務が潤滑に回るよう根回しできるコミュニケーション力も大切です。
　部分は全体に影響を与えてきますので、DX は組織全体に関わります。そのため、DX を推進する部門を組織トップの直属部門とすることで、意思決定から実行までをスピード感をもってすすめることができます。

（3）現状把握とニーズの確認
　ここからは、実際に DX を進めていくためのフェーズです。といっても「DX を推進」といっても何から始めて良いか分からない場合が大多数ではないでしょうか。
　そこでまずやるべきなのは課題の抽出です。自分たちの組織の強みや弱み、改善していきたいポイントを確認し、その中から DX で業務改善できるポイントを絞って進めていきます。
　そして課題を解決するためには、どのような方法があるのかを考えるのです。
　DX というと「システムやデバイスを導入すればいいんだ！」と考えてしまいがちですが、これらを導入して業務量が削減されなければ意味がありません。
　また、今まで利用していた機器やシステムをこれからも継続的に利用するかどうかについても一度検討してみてください。世の中には、一見便利そうなシステムがたくさんありますが、

それらを導入することで、逆に負担は増えてはいないか、導入時は便利だったが、今はそれより良いものがないか、電子カルテと情報連携できるのか、何が必要な業務なのか、コミュニケーションはどうなるのかなど、これまで通りと考えず、一度立ち止まってまっさらな状態で考えてみて欲しいのです。

　ぜひ一度、自施設で何がやりたいか、どんな業務を効率化したいか、無駄な業務が発生していないかを考えてみてください。

（4）計画目標の策定

　（3）の現状把握とニーズの確認から課題を確認したら、DXによって達成した具体的な目標を定めます。例えば、「残業を30％削減する」「データ入力時間を10％減らす」など数値化して測定可能なものだと、効果が分かりやすくなります。

　また、課題が複数ある場合は、優先順位をつけて取り組んでいきましょう。現実可能性の高いもの、費用対効果が大きいものから着手すると、達成感も得やすくなり、その後のDX推進も行いやすくなります。

　また組織全体で展開する前に、一部の部門や業務で小規模な実証実験を行いましょう。導入するシステムやツールの機能を検証し、問題点が出てくる場合もあります。

　そして職員にどの程度受け入れられるのか、業務にどの程度影響があるのかを把握します。

　やみくもに新たなシステムやデバイスを導入すると多額の費

用がかかるばかりでなく、結局無駄になってしまうこともあります。これらを防ぐため、費用対効果についても十分検討することが重要です。

（5）必要な技術、ツールの取得
　課題を解決するために必要な技術やツールを検討します。
　患者の見守りシステムや、職員の業務負担を減らす記録ソフト、職員教育のためのシステム、組織内文書のデジタル化・共有、外国人従業員とのコミュニケーションツール、文書作成、などなど様々なツールがあります。
　スマートフォンの導入などは、職員全員が1人1台のスマートフォンを持つことで、電子カルテ情報へのアクセスや記載が容易になったり、チャットツールを利用したタイムレスなコミュニケーションが取れるようになるなど、職員の負担軽減にも大きく役立ちます。
　システムやツールは沢山ありますので、何をすればよいか・どこから手を付けていいかなど悩む場合は、企業や専門家に相談するのも一つの方法です。

（6）継続的な評価と改善
　社会や介護・医療を取り巻く情勢や自組織を取り巻く環境は常に変化していきますので、それらの状況に応じて組織体制や業務の流れを変えていく必要があります。

導入したシステムがレガシーシステムになってしまわないよう常に見直しを行い、現在の組織でのベストを追求してゆくことが大切です。
　また、システムを導入したからといって、すぐに業務の改善が見られない場合もあります。状況を把握しながら、ある程度の余裕を持ちつつ進めていきましょう。

（7）コミュニケーションツールの統一
　以上が、まず考えられる具体的な方策ですが、戦略的に考え、それを策定してから進めることが重要です。各組織の事例を確認してみると、コミュニケーション・ツールをどのように統一するのかが大問題だったということがあります。
　多くの職員は個人でiPhoneなどのモバイル端末をすでに所有しています。また各自使いやすいコミュニケーションツールやシステムがあるかもしれません。そのような状況の中で、組織全体を通してどのような端末やツールに統一するのかが大きな課題となる場合もあります。

3 システムに助けてもらおう

　DXを進めるためには、スマートフォンを導入したり、利用患者の状態把握を行ったり、記録を簡略化したりなど、様々なシステムがあり、これらを現状や目的に応じて適切に導入していくことが求められます。

具体的な介護DXの成功事例の代表的なものをいくつか紹介いたします。

・介護業界専門勤怠管理システム「CWS for Care」
　➡従業員の出勤管理や勤怠管理をデジタル化し、効率的な管理と報告を実現。シフト表作成 ＋ 勤怠管理 ＋勤務形態一覧表出力を提供する、介護専門のシフト・勤怠管理サービス。

・介護記録ソフト「Care-Wing」
　➡介護記録のデジタル化により、情報の共有・閲覧の容易化を実現。科学的介護情報システムLIFE(CHASE)に完全対応。

・動画型マネジメントシステム「ClipLine」
　➡動画を活用して介護技術の研修やスキルアップを支援。

- 介護業務支援サービス「LIFELENS」
  ➡介護施設向けのIoT見守りサービス。AIを活用して介護業務の効率化や予測分析を行い、ケアの最適化をサポート。

- 介護の業務過程をDX化「HitomeQ」
  ➡介護施設向けの見守りシステム。業務の可視化と効率化を実現し、デジタル化への移行。

- 『におい』で便と尿を検知してお知らせ「Helppad」
  ➡便尿漏れ・空振りによる業務負担、不要なおむつ交換による睡眠阻害など排泄ケア業務の課題を解決。

　事務関連では、下記のようなシステムがあります。これまで紙や職員の手作業にて行われていた業務についてシステム化することで、業務負担が減るだけでなく、ヒューマンエラーの低減にもつながり、業務制度の向上が期待されます。

- 文書・書類（稟議書、契約書、）の電子化
- AIを利用した契約書審査
- 目標管理システム
- 勤怠管理システムの導入
- 音声認識、AIによる記録作成
- ウェブ会議

・オンライン予約
・ニュークックチル導入

　現場の職員に対しては、電子カルテの参照がどこでも可能になるものをはじめ、患者の見守りシステムなどの導入により、現場にいなくても患者の状況を把握できるようになることで、職員の移動時間や距離を短縮することにもつながっています。

・電子カルテ入力や参照
・介護記録ソフト
・動画を活用した技術の研修やスキルアップ支援
・AI 搭載の見守りシステム
・スマートグラスの活用
・各種センサーの導入
・AI 問診

　組織全体では、1 人 1 台スマートフォンを持つことで、職員間の情報共有が簡便になり、それにより職員間での業務フォローもスマートにできるようになる効果も期待できます。

・スマートフォンの導入
・スマートウォッチの導入
・職員間の情報共有システム

4 大会シンポジウムのトピックス

　ここでは、大会発表の中からいくつか DX 推進の成功事例をご紹介させていただきます。

（1）取組み事例
　青森県にある一般社団法人慈恵会では、老健施設で、入浴介助のために長時間の残業が発生していました。これを改善するべく、DX 関連企業と手を組みプロジェクトを立ち上げます。
　まず行われたのは、現在の入浴介助に係る時間や利用者や従業員の動線の確認です。そこから、シミュレーションを行い、当施設における最適な入浴介助の方法を編み出したのです。
　これにより、作業時間は 1 日 50 分の削減となり、課題であった残業時間は業務改善前の 1/4 程度に激減し、介護職員の人数も 17 名から 14 名という、3 名も少ない人数で回すことが可能となったのです。
　このプロジェクトを成功させるために重要だったのは、まず組織トップが外部の企業と協力すると決め、プロジェクトを立ち上げたこと、そして、現場を良く知る職員がチームの中心となってプロジェクトを進めてくれたこと、職員全体が協力体制にあったことです。

また、DXを導入する際に課題となる「DXへの抵抗感」や「やりがいの減少」などについては、コミュニケーションのとりやすさや働きやすさ、働き甲斐があるかというアンケート全てにおいて改善傾向となりました。
　業務の効率化や残業が減ったことで、これまでにないゆとりが生まれたことが一因と考えられます。
　これに関連して、「DXを進めると仕事が奪われてしまう」と考える職員も少なくないと思います。しかしこれは「高付加価値な業務を行えるチャンス」と考えられます。
　ＤＸを進めることで、組織全体の能力のボトムアップも図れるという報告もあります。
　特別なスキルを必要としない業務、作業手順が明確で定型的な業務、安定した品質やスピードが求められる業務は標準化することで生産性を向上することができます。
　一方で、人が行う仕事は専門性が高まり、業務の質が高まることで、信頼感をもって業務を進めることができるようになります。

（2）自社システムの開発
　在宅介護会社の株式会社やさしい手では、利用者、利用者の家族、利用者にかかわる関係者が情報共有・コミュニケーションが取れるシステムの開発を検討し、若手が中心となったプロ

ジェクトチームを立ち上げました。

　これにより利用者、企業担当者との連絡がチャット形式で可能となり、また自動返送システムの導入で、企業担当者の負担はおおきく削減されました。

　さらに365日24時間、家族は知りたいときに知りたい情報が得られることから、顧客満足度もアップしています。

各種書類の作成支援ソフトも開発中です。

　これまで「ケアプラン作成」に多くの時間がかかっていたことから、AI要約システムの開発に着手しました。

　これにより、毎日の記載データから「ケアプラン案」を作成することができるようになり、まだまだ精度は完ぺきではないですが、一から作成するよりかは各段に作成時間の削減につながっています。

　現在は出来上がったケアプランを現場職員に確認してもらい、追加で修正が必要な項目等について改善し、精度を高めています。

　それぞれ小さなチームから始まったプロジェクトですが、成功するとこれまでの仕事が「ワクワクする仕事」となり、開発にもプラスの影響となっているようです。

（3）若手職員の獲得・活躍

　働き手世代が減少している現在、職員確保は最初にして最大

の課題ではないでしょうか。この課題解決の一つとしてDXの推進があげられます。

　若手職員は幼いころからスマホに慣れ親しんでいるため、DXに関しては積極的な姿勢を持つ場合が多いです。

　また若い人はコミュニケーション（報連相、メール、電話、上司に話しかけるタイミングがわからない、など）が得意でない人が多く、チャットのようなショートメッセージなら負担を感じない人も多いようです。

　このような状況では、グループチャットのようなツールを使うと、複数人が見ることもあり情報交換の透明性が高まります。そのため、グループチャットでは酷いことは言いにくく、心理的安全性が確保されることで、今まで以上に各個人が情報発信しやすい環境となります。

　若い人材を確保していきたいのであれば、これまで通りの働き方を続けていては、他業種への人材流出は免れないでしょう。これから就職してくる職員たちと経営層とでは、教育システムや育ってきた環境も異なっているのです。

　このことから、自分たちの働き方を押し付けるのではなく、若手が働きやすい仕組みを作る必要があるのではないでしょうか。部下の教育に苦悩する上司と、学生から社会人となり、新たな環境で不安を抱えながら働いている若手、どちらにとってもストレスが軽減され、よりよく働けるのではないかと考えています。

むすびにかえて

　米アップル社は 9 月 9 日（日本時間 10 日午前 2 時）、ティム・クック CEO が Apple Park で「iPhone16」の発表会を開催し「強力な生成 AI を iPhone の中核にして、さらに便利で楽しいものにします」と宣言しました。iPhone16 は、新たにカメラ専用のボタンが追加され、ワンタッチで撮影やズーム調整ができるようになり、独自の生成 AI(Apple Intelligence) が全機種利用可能です。ただし、AI 機能は 10 月から英語のみで試験的に始め、日本語対応は 2025 年になる予定としています。

　9 月 10 日米東部夏時間午後 9 時（日本時間 11 日午前 10 時）ABC ニュース★ 2024 PRESIDENTAL DEBATE ★（大統領討論会：ホワイトハウスのレース）が、フィラデルフィアの米国立憲法センターで開始されました。民主党の候補者がハリス副大統領（59）に決まってから初めての討論会で、共和党のトランプ前大統領（78）との初顔合わせは、米国の分断と混迷する世界情勢を背景に世界のゆくえを左右する歴史的瞬間でした。

　世界を席捲するかのような巨大な IT 企業は、結果的に世界を変容させ、社会を変革し、人々の生活をより便利にします。しかし一方では、各国から独占禁止や課税問題あるいは児童に対する利用制限に関する要求や要請を受ける側にもありますし、

各国から新たな規制的なルールによる利用制限や権威主義国家の情報統制といった圧力と対峙しなければなりません。それでも国を挙げての DX 推進とかそのための産業育成、あるいは普及のための政府の補助金施策などといった側面もありますので、政府の関与は無視できません。AI と選挙との関係は、DX と各国の政治との関係性をどのように構築するのかというイシューでもあると思います。

　この本は「2024 年は選挙と AI」だという観点から、DX に関して主に社会医療ニュースに連載してきた記事を再構成し、取りまとめたものです。その作業と並行して「日本病院 DX 推進協会」の設立準備を 2023 年 12 月以降担当してきました。このような関係から 9 月上旬の僅か 4 日間で米国西海岸を駆け回りました。

　訪問した医療機関はサンフランシスコの UCSF のがん病院と小児病院、サンデイエゴの SHARP ヘルスケアの建て替え工事が始まった記念病院です。UCSF と SHARP への訪問は実に 33 年ぶりで浦島太郎になったような感覚でした。これらの病院の情報システムの中心には、時価総額約 6 億 3 千万ドルの医療ソフトウェアを手掛ける Epic Systems 社の存在があります。

　エピックは病院で使用されている電子カルテとして世界中から注目されていますが、1979 年に創業され、現在 3 億 500 万人以上の患者に電子記録を提供しているとのことです。少し説

明しますとアメリカの医療では、患者に関する情報の全ては患者に所有権があり、患者自身が Web 上で過去のカルテをみることができます。診療する医師は、患者の既往歴を電子記録で確認できます。

2024 年 4 月以降、Open AI の大規模言語モデルを活用し医療用 AI の開発と医療への導入に加速度的に取り組み、多くの病院に提供し始めています。これらのシステムが病院内のスマートフォンやタブレットなどのデバイスと結びついているので情報処理時間は短縮化されています。

例えば、4 病院で約 1,000 床を経営する UCSF では、6,700 台のデバイスが利用されているとのことでしたし、サイバーセキュリティ対策も万全という説明です。AI 搭載のエピックのシステムの優位性を体験することができ、最先端の病院情報も患者情報システムも理解できていなかったことを思い知らされました。

各病院では、幸いなことにいくつかのデモンストレーションを体験できましたので、患者医師間の例の一部を紹介します。まず、簡単な挨拶後医師が話し始めます。

「これからの会話を録音してもいいですか」ということで了承された後、通常の診療が進みます。医師の手には iPad があり前回の検査結果や今後の治療方針が示されますが対話はお互いに向かい合っています。診察が終了すると「今、録音した内容の要約を AI が作成しましたので、確認してください」その後「で

は治療に入りますが、要約内容を確認したというサインを iPad にお願いします」。

　短時間のデモでしたが、いたく感心しました。録音していたのも iPad、検査結果などをみせるのも iPad、要約作成は AI、インフォームドコンセントも治療同意書も全てペーパーレスで、終了後エピックへの送信ボタンを押せば全て完了で、以降、患者サイドには病院が提供する入院患者用 iPad があり、医療チームとも絶えず情報共有できます。

　病院の入院患者さんと看護師さんなどのコミニケーション・ツールとしての iPhone と iPad のミラーリングは最強です。入院患者用 iPad は、病院が病棟で使用する担当看護師の iPhone ともつながっていますので、あらゆるコミュニケーションが常時円滑に行えます。カリフォルニア州の病院基準ではナースコールの病棟設置が未だ義務づけられていますが、デジタルを活用することによる業務やコミュニケーションの変容と医療行政との関係をいずれ再考する必要があることを痛感しました。

　SHARP 記念病院の ER で使用されている「Butterfly iQ+」にも驚きました。これはスマートフォン、タブレット、病院のコンピューターシステムに接続するポイント・オブ・ケア超音波イメージングデバイスで「医療史に残るモバイル超音波診断アプリ」だと米国では評価されています。科学者で起業家のジョナサン・ロスバーグ氏が 2011 年に設立した Butterfly Network 社の製品です。日本でもエコーはありふれた医療器

具ですが、小型のエコー端子から iPad に直接画像が送信されるものです。

あらゆるモノがインターネットに接続される IoT ということは、病院で使用されるあらゆる検査機器が iPad 経由で情報共有されることだったということを再確認できました。植込型補助人工心臓の患者の定期的点検のための検査機器にも iPad が使用されていました。

サンフランシスコでは、何台もみかける無人タクシーを利用しました。違和感というか初めての体験で驚きました。スマートフォンで予約して、その時点でクレジットカードと連携されています。愉快なことは下車後サンキューメッセージと共にチップの催促が届くことです。もうすぐロボットにチップを払うのが当たり前なるのだと思いました。

ここまで本書を手に取っていただいた皆様に感謝申し上げます。どうしても DX を進めたい、AI を利用して欲しいという思いだけで書いてみたもので、具体的な戦略や事例を示しているわけではありません。何度も書きましたが、わたしは DX の専門家でないばかりか、医療や社会福祉に関する国家資格は何も持ち合わせていません。多少お役に立てるのは、医療や福祉組織の経営戦略はどのように策定するのか、組織はどうすれば動きやすくなるのかとか、誰が何をリードすればよいのか、といったことについての体験と知識です。しかし、緊縮財政下の介護

保険財政の制約や、医療費の適正化施策から、介護施設経営も医療機関経営も窮地に落とし込まれている現状にあります。

この状況でDX推進といわれても新たな費用負担に対応できないという現実に、多くの組織は直面しているのです。それを解消することができないから、DXはできないと考えてしまうのは、未来をあきらめることになってしまうのではないか。そんな思いで編集してみました。

本書の作成進捗は、日本ヘルスケアテクノ株式会社河内理恵子社長のリーダーシップの成果です。また、校正は同社の河内様と森本悟史様、装丁デザインの小山久美子様、そして社会医療ニュースの校正を担当いただいた井出清彦様にご協力いただきました。

厳しい出版事情でも本書をだすことができるのは、何よりも社会医療ニュースを毎月熱心に読んでいただいている読者のみなさまのおかげです。この場を借りて、心より御礼申し上げます。

2024年9月30日
社会医療研究所　所長　小山秀夫

小山　秀夫（こやま　ひでお）博士（医学福祉）学

上智大学大学院博士後期課程を経て、1980年厚生省病院管理研究所医療管理部研究員に厚生技官として採用され、病院幹部職員の教育研修を担当するとともに老人保健法の老人診療報酬新設のためデイケア、訪問看護、リハビリテーション施策についての調査研究事業に従事した。
1989年老人保健法改正により老人保健施設が創設された際には、老人保健施設の施設・人員・運営基準のために海外を含めた調査研究を担当し、1992年国立医療・病院管理研究所医療経済研究部長に就任後は、厚生省介護対策推進本部から依頼のあった介護保険制度の実務に関する要介護度判定調査研究等事業に従事した。
以後、医療及び介護サービスの研究・教育・研修事業に継続して従事し2002年に同研究所が国立保健医療科学院に組織再編された際に経営科学部長に、2006年に静岡県立大学経営情報学部教授に就任。2007年同大学経営情報学部長。2010年には兵庫県立大学経営研究科医療マネジメントコース主任教授を経て、現在は、同大学社会科学研究科特任教授、佐久大学人間福祉学部特任教授を務めている。日本医療・病院管理学会、日本介護経営学会、臨床看護マネジメント学会、日本健康・栄養システム学会、日本病院DX推進協会などの活動に従事し、そして社会医療研究所の所長を務め、月刊新聞の『社会医療ニュース』を発行している。

DXリープ・フロッギング戦略

2024年10月20日　第1刷発行

著　者	小山　秀夫	
企　画	社会医療研究所	
発行者	河内　理恵子	
発行所	日本ヘルスケアテクノ株式会社	
	〒101-0047　東京都千代田区内神田1-3-9　KT-Ⅱ-ビル4F	
校　正	井出 清彦　森本 悟史	
装　丁	小山 久美子	
印刷・製本	モリモト印刷	

©2024 Printed in Japan　　ISBN 978-4-9912258-8-8